비서 커뮤니케이션 실습
Communication Practice for Secretaries

Preface

모든 업무의 기본은 커뮤니케이션!

상사와 커뮤니케이션(보고와 지시)이 많은 비서와 부서원들을 보좌하는 사무관리자(Office Pro)의 정확한 커뮤니케이션이야말로 업무를 효과적으로 수행하는데 절대적으로 필요한 요소라 할 수 있다. 커뮤니케이션이란 말하기와 듣기는 물론 전화, 대화, 회의, 문서작성 등 사무실 대부분의 업무를 차지 한다.

비서 및 office pro의 경우, 업무상 커뮤니케이션의 중심(center)에 위치하고 있기 때문에 무엇보다도 정확하고 효과적인 커뮤니케이션 활동을 수행해야 한다. 본 교재는 비서직 및 사무직의 업무 향상을 위한 종합적인 커뮤니케이션의 훈련과 실습을 목적으로 한다.

본 교재는 일종의 퀵 가이드 북(Quick Guide Book)으로 핵심이론과 실습으로 구성되어 있다. 구체적인 책의 구성은 사무실에서 사용할 수 있는 모든 커뮤니케이션 활동에 대한 간단한 핵심이론 정리와 사례연구로 이루어져 있으며, 해당 내용에 대한 실습과 점검을 바로 확인할 수 있도록 구성되어 있기에 교수자/학습자 모두 현장실습처럼 수행할 수 있다. 또한 현재 비서직 및 사무직을 수행하고 있는 초보자에게도 본 서를 통해 혼자 학습할 수 있다는 것이 추가적인 장점이다.

부디 본 교재를 통해 여러분의 사무능력이 향상되어 유능한 비서 및 사무관리자가 되기를 바란다.

2021년 6월
저자 정성휘

Contents

Chapter 01　효과적인 커뮤니케이션 ···································· 2

Chapter 02　상사의 이해 및 상사정보관리 ························· 20

Chapter 03　지시와 보고 ··· 32

Chapter 04　전화업무와 메시지 ·· 42

Chapter 05　내방객 응대 ··· 68

Chapter 06　일정기획과 관리 ··· 80

Chapter 07　회의기획과 관리 ··· 100

Chapter 08　출장기획과 관리(국내출장 / 해외출장) ·········· 120

Chapter 09　정보관리 업무 ·· 158

Chapter 10　신문정보 업무 ·· 176

Chapter 11　공문서 업무 ··· 194

Chapter 12　각종 서류를 통한 업무관리 ·························· 226

Chapter **01**

효과적인
커뮤니케이션

01

커뮤니케이션?

02

효과적인 커뮤니케이션

03

커뮤니케이션 평가

Chapter
01
효과적인
커뮤니케이션

커뮤니케이션의 의미 · 커뮤니케이션의 과정 · 효과적인 커뮤니케이션 8단계

 학습 목표 커뮤니케이션이 무엇인지를 정확히 알고, 업무를 효율적으로 수행할 수 있는 효과적인 커뮤니케이션의 과정을 이해하고 수행할 수 있도록 한다.

01

커뮤니케이션?

MISSION 커뮤니케이션이 무엇인지 이해하자

커뮤니케이션은 의사소통이라고도 흔히 이야기 하는데, 일반적으로 메시지를 주고 받는 과정으로 이루어져 있다. 이때 메시지를 보내는 송신자, 메시지(전달과정), 수신자, 그리고 피드백이 커뮤니케이션의 주요 구성요소이다. 중요한 것은 올바르게 메시지의 의미가 전해지고 수신자가 제대로 이해하는 것이 필요하다.

이때 메시지는 말, 문서, 그림, 비언어적인 수단 모두가 될 수 있는데 우리는 메시지를 전달하는 송신자가 될 수도 있고, 메시지를 받는 수신자가 될 수도 있다. 따라서 커뮤니케이션의 과정을 이해하면 우리는 전하고 싶은 메시지를 올바르게 작성하고 제대로 전달하고 또한 정확히 이해할 수 있게 된다.

대부분 사무실의 업무는 커뮤니케이션 활동으로 구성되어 있는 데, 즉 회의, 대면의사소통, 전화, 서류작성, 지시, 보고, 프레젠테이션 발표 등을 포함한다.

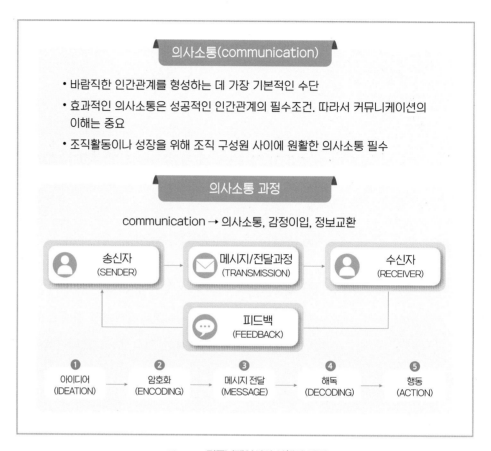

그림 1_1 커뮤니케이션의 이해와 과정

✍ 커뮤니케이션 과정을 잘 이해했다면, 다음에 대한 사항을 확실히 하자.

• 송 신 자 → 확실한 메시지의 전달을 위해 어떻게 내용을 구성할까?

　　　　　　상대방 수준에 맞는 용어 및 내용은 무엇일까?

　　　　　　전달 메시지를 말 또는 글 또는 행동 중 어떤 것으로 할까?

• 전달도구 → 메시지는 어떤 방법(구두 또는 문서)으로 전달하는 것이 좋을까?

　　　　　　확실한 메시지의 이해를 위해 보조도구(메모, ppt자료)는 무엇일
　　　　　　까?

• 수 신 자 → 어떻게 하면 전달받은 메시지를 제대로 이해할 수 있을까?

　　　　　　이해를 높이기 위한 관련 정보는 무엇일까?

　　　　　　나에게 송신자에 대한 선입견은 없을까?

　　　　　　나는 상대방이 말하는 것을 잘 이해하려고 적극적으로 듣고 있나?

• 피 드 백 → 수신자로서 메시지를 잘 이해했는지 복창을 했나?

　　　　　　송신자로서 수신자가 제대로 이해했는지 복창을 요구했나?

01 과장님께 내일 오후 3시에 개최될 마케팅 회의가 긴급무닝 사정으로 인해 모레 10시로 변경되었다는 말을 전하려 할 때, 송신자의 입장에서 어떻게 말할 수 있을까? (오늘은 7월 6일 월요일)

02 미국 출장을 다녀오신 사장님께 출장기간에 받은 전화메모를 전해드리려고 한다. 20건의 전화메모를 어떤 방법으로 어떻게 전해드려야 좋을까? 방법과 내용을 써보자.

03 팀장님께서 비서인 나에게 "김비서, 오늘 3시 영업회의를 소집해줘. 참석자는 영업팀의 김과장, 이대리, 김준수씨, 이청아씨야. 연락 좀 해줘요"라고 했을 때, 내가 하는 말을 직접 적어보자.

02

효과적인
커뮤니케이션

 MISSION 효과적인 커뮤니케이션 할 수 있는 방법을 알아보자

효과적인 커뮤니케이션을 하려면 송신자와 수신자가 완전한 업무수행을 위해 커뮤니케이션 과정을 서로 서로 확인하고 궁극적으로 업무를 수행하는 과정으로 이루어진다. 효과적인 커뮤니케이션은 송신자와 수신자의 메시지 흐름에 따른 8단계로 이루어져 있는데, 이 과정을 이해하고 제대로 실행해 본다면, 커뮤니케이션의 효과성이 높아질 뿐 아니라 업무의 효과성도 극대화 될 수 있다.

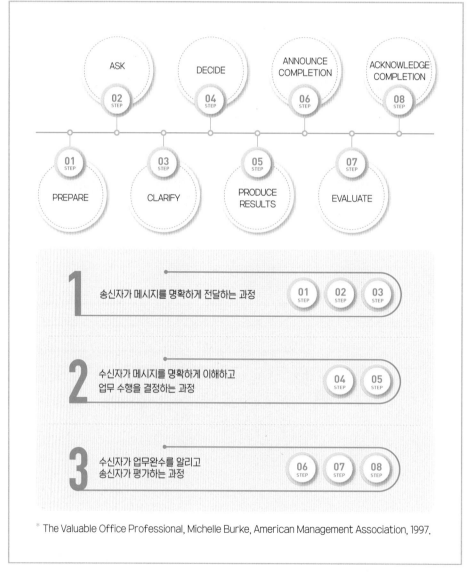

* The Valuable Office Professional, Michelle Burke, American Management Association, 1997.

그림 1_2 효과적인 커뮤니케이션 8단계*

1 송신자가 메시지를 명확하게 전달하는 과정

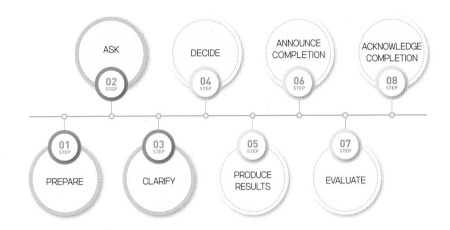

STEP 01 요청 준비

송신자가 업무를 수행할 수신자에게 요청을 준비하는 단계로, 다음 질문에 대한 내용을 확실히 할 책임이 있음(주요질문: why, what, when, who)

> **POINT** ❗
>
> 이 요청을 왜 하는 것인가? 요청하는 업무가 가치 있는 일인가(why), 원하는 구체적인 결과는 무엇인가(what), 결과가 완성되는 구체적인 날짜, 시간, 요일(when), 이 업무에 가장 적합한 사람인가(who)에 대한 질문에 답을 확실히 하라.

STEP 02 요청하기

- 송신자 : 분명하게 메시지를 전달할 책임이 100% 있음
- 수신자 : 요청을 명확하게 들을 책임이 100% 있음

> **POINT** ❗
>
> 송신자는 수신자가 '네'라고 했을 때 이 의미를 파악하라. 요청에 따른 결과를 제대로 하겠다는 의미인지 단순히 질문을 이해했다는 의미인지 수신자는 송신자의 말이 이해되지 않을 때는 질문하여 명확히 이해해야 한다.

STEP 03 서로 명확하게 요청하고 이해하기

- 송신자 : 바라는 구체적인 결과를 명확히 요청했는지에 대해 확인할 책임
- 수신자 : 구체적인 결과가 무엇인지를 이해하기 위해 필요한 질문을 할 책임

POINT !

수신자는 이일을 왜 하는지(why), 원하는 구체적인 결과는 무엇인가(what), 결과가 완성되는 구체적인 날짜, 시간, 요일(when), 이 업무에 대해 만족시켜야 할 사람(고객)이 누구인가 (who)에 대한 질문을 하라.

✍ **효과적인 커뮤니케이션 과정 1, 2, 3단계를 이해했다면,**

04 사장님께서 "김비서, 내일 인사고과회의에 필요한 명단과 급여명세서를 작성해 줘요"라고 했을 때 나는 뭐라고 말해야 할까?

05 후배 유비서에게 명함 500장을 주고 프로그램을 이용하여 주소록을 만들라고 지시할 때, 나는 어떻게 업무를 요청해야 할까? 주요 질문 why, what, when, who를 이용하여 요청해보자.

2 수신자가 업무완수를 알리고 송신자가 평가하는 과정

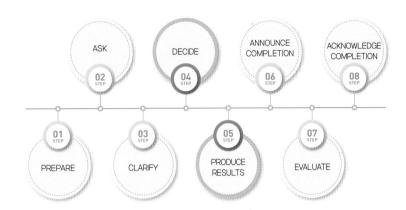

STEP 04 결정하기

- 송신자 : 수신자가 책임감 있게 결정했음을 확인할 책임
- 수신자 : 결과를 위해 책임감을 가지고 업무를 수행하겠다는 결정할 책임

POINT !

- 수신자의 Yes → 원하는 결과를 만들겠다는 약속의 의미
- 수신자의 No → 안하겠다는 것인지 아니면 제 시간에 할 수 없다는 것인지? 따라서 No에 대한 부언 설명 및 사정을 반드시 말해야 한다.
- No 이후에 협상 → Yes를 할 수 없는 이유를 설명하고, 대안을 제시할 때 책임감이 있고 협동적인 사람으로 비춰짐
- 단순한 No → 요청을 거절하는 이유도 없기에 부정적인 사람으로 보여짐

STEP 05 요청받은 업무수행

- 송신자 : 업무가 예정대로 진행되어가고 있는지 대해 확인할 책임
- 수신자 : 송신자가 기대하는 결과를 작성하는 데 필요한 행동을 할 책임

POINT !

결과물은 반드시 마감날짜에 제대로 나와야 하며, 가능하면 조금 더 빨리 수행해 본다. 또한 원하는 결과가 나오기 위해 잠재된 장애물을 파악하고, 예측하지 못한 장애물이 나타나면, 바로 송신자에게 보고해야한다.

✍ 효과적인 커뮤니케이션 과정 4, 5단계를 이해했다면,

06 사장님께서 "김비서, 내일 3시 인사고과회의에 필요한 명단과 급여명세서를 2시까지 작성해줘요"라고 했을 때, 회장님의 일을 내일 2시까지 마쳐야 하는 나는 동시에 그 일을 제대로 할 수 없을 때 뭐라고 말해야 할까?

---

07 후배 유비서에게 명함 500장을 주고 2시까지 프로그램을 이용하여 주소록을 만들라고 지시한 후, 오전 11시인 지금 나는 어떻게 말을 해야 할까?

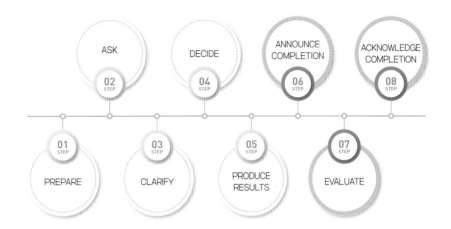

06 STEP 결과물 완성에 대한 보고

- 송신자 : 결과물을 요청할 책임이 100%있음
- 수신자 : 결과가 나왔다고 보고할 책임이 100%있음

POINT !

수신자는 결과에 대한 요청이 없더라도 반드시 결과에 대한 보고를 해야 한다.

07 STEP 평가 하기

- 송신자 : 결과물이 요청에 부합되었는지를 검토할 책임
- 수신자 : 송신자가 결과를 검토하였는지를 확인할 책임

POINT !

송신자는 요청했던 결과가 나왔는지를 확인한다.
- 만　족 → 8단계로
- 불만족 → 2단계로(요청 / 결과 다시 제시 / 새로운 마감기한 설정)
- 수신자는 고객이 결과를 검토했는지를 반드시 확인하고 피드백을 요청한다.
- 고객이 불만족 한다면 3단계 요청 재확인 단계로 가서 다시 시작한다.

STEP 08 업무 완수와 감사

- 송신자 : 수신자에게 업무 완수를 알리고 감사함
- 수신자 : 업무가 성공적으로 완수되어 끝났음을 확인

POINT ①

신자는 업무를 만족스런 결과를 만들어준 수신자에게 감사의 인사를 하고, 수신자는 송신자의 피드백을 요청하는 단계를 가지고 추후 업무를 위해 만족도를 확인한다.

✍ **효과적인 커뮤니케이션 과정 6-8단계를 이해했다면,**

08 사장님께서 시키신 인사고과회의에 필요한 명단과 급여 명세서 작성을 다 마친 후에 나는 사장님께 뭐라고 말해야 할까?

09 사장님께서 "김비서, 이렇게 하면 안돼지, 다 틀렸잖아"라고 하실 때 나는 사장님께 뭐라고 말해야 할까?

이러한 효과적인 커뮤니케이션 8단계를 확실히 이행한다면, 모든 업무의 기초가 되는 커뮤니케이션을 제대로 할 수 있을 뿐 아니라, 효과적인 커뮤니케이션, 고객 만족, 효율적인 업무흐름, 만족한 인간관계를 가져올 수 있다.

TIP!

8 Habits of highly ineffentive communication

-Kevin Hogan, Officepro, Mar.2000, Vol.60, Iss 3, p.22-

- Argumentative Communication

  – 논쟁을 좋아하는 사람

- Comparison Maker

  – 비교하길 좋아하는 사람

- Better-Than Talker

  – 우월감이 있는 사람

- Hear-MY-Old-Baggage Communicator

  – 힘들었던 과거경험을 말하는 사람

- Judgmental Communicator

  – 판단하기를 좋아하는 사람

- Interrupting Communicator

  – 남의 말을 방해하는 사람

- Complaining Communicator

  -불평/불만이 많은 사람

- Gossiping Communicator

  – 남의 험담을 하는 사람

Don't use it, don't participate in it, and don't respond to it

위와 같이 이야기하는 습관이 있다면, 나도 모르는 사이에 상대방으로 하여금 다시는 이야기를 나누고 싶지 않은 사람이 될 수 있다는 것을 명심하자!

03

커뮤니케이션
평가

나의 커뮤니케이션 수준을 평가하고 잘못된 점을 고치자

결국 효과적인 커뮤니케이션을 위해서는, 우리는 송신자 입장에서는 메시지를 정확하고 효과적으로 전달하고, 수신자의 입장에서는 정확하게 메시지를 이해하고 피드백하는 것이다. 따라서 현재 나의 커뮤니케이션 수준과 습관을 알아보고, 잘못된 점을 고쳐야 보다 나은 커뮤니케이션을 할 수 있으며 바람직한 인간관계가 될 수 있다.

10 사장님께서 "회의 중인 김과장한테 전화를 걸어서 8월 판매실적을 가지고 오라고 해"라고 말씀하셨다면 나는 사장님께 어떻게 해야할까? 또한 김과장님께는 어떻게 전달해야할까? 이때 전달도구가 무엇인지도 고려해보자.

• 사장님께

• 과장님께

(전달도구)

✍ 자, 이제 자신의 커뮤니케이션의 스타일(강점과 약점)을 알아볼까요?
다음 해당 항목에 ✔ 표시하세요.

질 문	약 함			강 함	
	1	2	3	4	5

송신자

무엇을 말하거나 쓸 때, 미리 내용을 정리한다.

무엇을 말하거나 쓸 때, 전달도구를 미리 생각한다.

말한 다음 상대방에게 질문할 시간을 준다.

무엇을 말하거나 쓸 때, 표정이나 손짓을 하는 편이다.

무엇을 말하거나 쓸 때, 상대의 눈을 바로 본다.

무엇을 말할 때, 상대방 수준에 맞춰 이야기한다.

말한 후 상대방이 내말을 이해 했나 질문을 한다.

말할 때 분명한 어조로 말하는 편이다.

무엇을 말할 때, 차근차근히 말하는 편이다.

말할 때 조리있게 명료하게 말하려고 노력한다.

수신자

상대의 말을 들으면서, 내가 할 말을 생각한다.

상대의 말을 들으면서 내가 결론을 내려한다.

상대의 말을 들을 때, 상대의 몸짓, 표정을 본다.

상대의 말을 들을 때, 눈을 마주보고 듣는다.

남의 말을 듣는 것보다 내가 말하기를 좋아한다.

상대의 말을 들을 때, 이해가 안되면 질문을 한다.

상대의 말을 들을 때, 복창을 하는 편이다.

상대의 말을 듣고, 주로 '네'만 하는 편이다.

상대의 말을 들을 때, 종종 딴생각을 한다.

상대의 말을 들을 때, 적극적으로 듣는 편이다.

들리지 않는 행간을 읽으려고 노력한다.

◉ 나의 강점

◉ 나의 약점

용모·복장 Check List

✎ 외모나 복장도 커뮤니케이션! 나의 모습을 평가하여 확인란에 ✔ 표시해봅시다.

항 목	용 모 · 복 장	확 인
머 리	청결하고 손질은 되어 있는가?	
	일하기 쉬운 머리형인가?	
	앞머리가 눈을 가리지 않는가?	
	UNIFORM에 어울리는가?	
	머리 액세사리가 너무 눈에 띄지 않는가?	
화 장	청결하고 건강한 느낌을 주고 있는가?	
	피부처리 및 부분화장이 흐트러지지는 않았는가?	
복 장	구겨지지는 않는가?	
	제복에 얼룩은 없는가?	
	다림질은 되어 있는가?(브라우스, 스커트의 주름)	
	스커트의 단처리가 깔끔한가?	
	어깨에 비듬이나 머리카락이 붙어있지 않은가?	
	출퇴근 시의 복장은 단정한가?	
손	손톱의 길이는 적당한가(1mm이내)	
	손의 살은 깨끗한가?	
스타킹	색깔은 적당한가? 늘어진 곳은 없는가?	
	예비 스타킹을 가지고 있는가?	
구 두	깨끗이 닦여져 있는가?	
	모양이 일그러져 있지 않은가?	
	뒷축이 벗겨지거나 닳아 있지는 않은가? (구겨 신거나 샌들은 보기 흉함)	
액세사리	방해가 되는 액세사리, 눈에 띄는 물건은 착용하지 않았는가?	

태도·행동 Check List

✍ 태도와 행동도 커뮤니케이션! 오늘 하루 나의 모습을 평가하여 확인란에 써봅시다.

Communication 평가 항목

대상 : (   )   날짜 :

항 목	평 가			
	A	B	C	D
목소리				
미 소				
인 사				
지시 받는 법				
임기응변				
용건을 이해하는 방법				
반복의 방법(복창)				
언어태도				
예절(매너)				
친절성				
전화기를 다루는 방법				

기타 느낀 점

 TIP!

면접 때도 Check list를 활용하세요.

Chapter **02**

상사의 이해 및
상사정보관리

01

상사에 대한 이해

02

상사에 대한 정보수집

Chapter

02

상사의 이해 및
상사정보관리

조직도표 속 상사위치 · 상사신상카드의 내용 · 상사정보를 찾을 수 있는 곳

 **학습
목표** | 상사를 이해하기 위한 도구(양식)를 알고, 상사 신상카드 및 관련된 정보수집을 위한 스크랩을
작성할 줄 안다.

01

상사에 대한 이해

 MISSION 상사에 대해 왜 잘 알아야 하는지, 또한 어떤 노력을 해야 하는지 알아보자

> 상사를 잘 알고 있어야 맡은 일을 잘 할 수 있다!

상사를 '잘 안다'는 것은,

> ❶ 상사의 조직 내 위치를 잘 아는 것 → 조직 내에서의 위치, 부서, 맡은 책임 알기
> ❷ 상사의 업무 스타일을 잘 아는 것 → 주도형, 의존형, A형 또는 B형 스타일
> ❸ 상사의 조직 외 위치를 잘 아는 것 → 대외적인 직함, 출신학교, 동창, 관련기관
> ❹ 기타 상사의 개인 정보를 아는 것 → 가족관계, 여권, 입사일 등

상사를 이해하기 좋은 '방법'은,

> ❶ 상사의 조직 내 위치를 잘 알기 위해 → 조직도를 구해서 책상 앞에 깔아논다.
> ❷ 상사의 업무 스타일을 잘 알기 위해 → 선임비서 및 가까운 분께 여쭈어본다.
> ❸ 상사의 조직 외 위치를 잘 아는 것 → 인터넷 및 인물자료를 열람한다.
> ❹ 기타 상사의 개인 정보를 아는 것 → 선임비서에게 묻고 상사신상카드에 기입한다.

따라서 우리는 입사와 동시에 조직도와 상사 신상카드를 작성해야 한다!!!

✍ **따라서 우리는 입사와 동시에 조직도를 구해야 한다.**

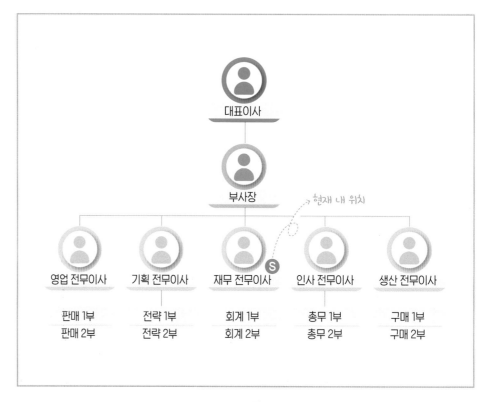

그림 1_1 조직도의 예

상사를 잘 알기 위해, 먼저 조직도 내의 상사의 위치를 파악해 보자.

🖐 **01** 오늘은 입사 첫날이다. 나의 상사는 재무의 김철수 전무이사님이다. 선임비서는 인사부의 전무님 비서로 자리이동을 한 이주미 비서이다. 위 조직도를 보고 김전무님에 대해 내가 알 수 있는 것과 알 수 있는 방법을 써보자.

• 직함 및 성명 ＿＿＿＿＿＿＿＿＿＿＿＿＿＿＿＿＿＿＿＿＿＿＿＿＿

• 전무님과 밀접하게 관련된 부서 ＿＿＿＿＿＿＿＿＿＿＿＿＿＿＿＿＿

• 기타 김전무님에 대해 알아볼 수 있는 곳 ＿＿＿＿＿＿＿＿＿＿＿＿＿

＿＿＿＿＿＿＿＿＿＿＿＿＿＿＿＿＿＿＿＿＿＿＿＿＿＿＿＿＿＿＿＿＿

＿＿＿＿＿＿＿＿＿＿＿＿＿＿＿＿＿＿＿＿＿＿＿＿＿＿＿＿＿＿＿＿＿

✍ 우리는 여러 자료를 토대로 상사신상카드를 작성해야 한다 (예 1)

상사의 프로필은 기밀! 그러나 비서는 상사의 대외용 프로필을 제공할 때가 있으므로 간략한 프로필을 정리해 둘 필요가 있다.

상사 신상 카드 1

성 명	한글	한자	영문
주 소		(TEL)	
본 적		(본관)	
주민등록번호			
생 년 월 일		(음력·양력)	
사 원 번 호			
여 권 번 호		(유효일)	
자 동 차	종류	NO.	
취 미			
가 족 사 항	부인과 자녀의 성명 및 생년월일 결혼기념일		
은 행 구 좌			
카 드 넘 버	법인/개인구별		
학 력	_____고교(○○회), _____대학(졸업년도), _____대학원		
경 력			
수 상 경 력			
기 타	상기항목外에 • 持病 및 금기식품 • 좋거나 싫어하는 음식 • Color선호 • 자주 이용하는 음식점 • 기호식품 등등		

작성날짜 _____년 _____월_____일

작 성 자 _____

모든 문서에는 작성자와 작성 날짜가 반드시 기재 되어야 한다!

✍ 업무관계를 토대로 사내관계를 파악하는 카드의 작성이 가능하다 (예 2)

김철수 전무님 (마케팅)		
사내 관계		기 타
관련부서사람들	영업 1팀, 2팀 직원들(김팀장님, 전팀장님)	
아침에 차 드시는 분	홍전무님, 최전무님, 윤실장님	
아무 때나 바로 입실 가능	사장님, 부사장님, 김전무님	
반드시 확인해야 입실 가능	대부분 회사분들	
점심 동료 분	홍전무님, 최전무님	약속없으실때는 영업팀장님께
아침 차	결명차, 커피	
점심 차	커피	하루 3잔 금지
오후	쌍화차 및 간식	
6시 이후	물만 드심	
출근 시	약속일정 새로 드림	
퇴근 시	밀린 결재 올림	
약속 있으실 때	윤 기사님께 미리 약도와 일정전달	3-4일 전에 알림
월요일 아침 회의 전	사장실에 입실	업무보고 자료
바로 전화 연결	사장님, 부사장님	
통화 중 전화연결 가능	사장님, 부사장님	
구내식당 메뉴	칼국수, 비빔밥일 경우 ×	
사내 동창 관계(고교)	인사팀 김이사님, 이영호 대리님	
사내 동창 관계(대학)	부사장님, 홍이사님, 윤부장님	

✍ 상사의 대외관계를 토대로 대외역할을 파악하는 카드의 작성이 가능하다 (예 3)

김진수 사장님		
대외 관계		기 타
대외직함	대한야구협회 이사장, 한국무역협회 이사, 대한고교동창회장, 한빛 자선단체 이사	협회일정관리
출신 고교	대한고교(17회)	동창회보발간
고교 동기	가나실업 김영우사장, 한국무역협회 노지훈이사 금영대학 박동규교수	
출신 대학교	대한대학교 경영학과(78학번)	
대학 동기	대한대학교 박지욱교수, 서부경찰서 이민동서장	
대학원	대한대학교 대학원 경영학과(83학번)	
대학원 동기	대한대학교 박지욱교수, 서부경찰서 이민동서장	
기타 학위	대한대학교 최고경영자과정 8기	

02

상사에 대한
정보수집

MISSION 상사에 대한 정보를 알 수 있는 곳을 찾아서 자료를 수시로 updating!

기본적인 상사의 정보를 이해하여 신상카드를 작성한 이후에는, 상사에 관한 정보가 새로 나올 때 마다 정리하여 스크랩하거나 상사신상카드를 갱신해야 한다.

상사의 정보를 어디서 찾을까?

❶ 신　문 → 신문의 인물란을 검색하며, 특히 회사의 주요 행사가 있을 때 검색
❷ 인터넷 → 회사 및 대외 직함을 가진 조직의 행사 이후
❸ 회사내 → 홍보 책자 및 관련부서의 업무 변화 시
❹ 기　타 → 동창회, 관련 협회 인사이동 때

기타 여러 곳에서 상사의 정보를 찾아볼 수 있다.

TIP!

• 상사의 정보는 주기적으로 갱신해줘야 하기 때문에 상사신상카드에는 반드시 작성일자를 써야한다.
• 상사의 신상카드 및 정보는 기밀로 다루며, 대외용 프로필은 반드시 상사의 허락 하에 만들어 제공할 수 있다.

02 평소 관심이 있는 회사의 홈페이지를 찾아서 대표이사의 경력 및 관련항목을 찾아 신상카드를 작성해보자. 또한 그분의 정보를 인터넷으로 검색하여 최대한 알 수 있는 내용을 적어보자.

상사 신상 카드 1

반드시 작성 날짜를
기재해야 한다!

작성날짜 _____년 _____월_____일

작 성 자 _____

 잠깐, 이런 경우도 있어요!

비서 이야기 01

아래의 실수 사례는 어떤 이유로 실수가 발생했는지
그 이유에 대해 생각해봅시다.

사례 중요한 계약 건으로 상사께서 중국에 가셔야 하는데 공항에 도착한 뒤 여권 만료 기한이
얼마 남지 않았다는 것을 아셔서 출국하지 못하셨어요 .

비서 커뮤니케이션 실습

Chapter 03

지시와 보고

01

상사의 지시를 받을 때

02

지시에 대한 메모를 받아 적을 때

03

보고를 할 때

03

지시와 **보고**

상사의 지시 받는 법 · 효과적인 메모법 · 효과적인 보고법

**학습
목표** | 상사의 지시를 효과적으로 받는 법과 메모하는 법을 이해하고 연습해보자.
또한 보고 하는 법에 대해서도 알아보자.

01

상사의 지시를 받을 때

MISSION 상사의 지시를 잘 받는 법을 알아보자

- 인터폰이 울리면, 바로 큰소리로 대답한다. (네, 사장님)
- 상사에게 갈 때는 아무리 바빠도 메모지(비서수첩)와 펜은 반드시 가지고 간다.
- 지시를 받으면서 빠르게 메모한다.
- 지시사항을 들을 때 눈맞춤을 하며, 고개를 끄덕인다.
- 지시사항을 다 들은 후에, 질문을 한다.
- 마지막으로 복창을 하고 지시사항을 확인한다.
- 바로 착수한다.

01 업무를 보는 중에 사장님께서 부르셨다. 나는 어떻게 해야 할지 순서대로 써보자.

- 1단계

- 2단계

- 3단계

✍ **지시를 잘 받기 위해서는 우리는 효과적인 경청을 해야한다!**

'효과적으로 경청'한다는 것은,

효과적인 듣기

• 비서는 상사, 고객, 전화 등 여러 사람의 메시지를 듣는 경우가 많기에 항상 주의 깊게 경청해야 한다.

• 경청의 장점

　서로 경청하게 됨
　우호적인 분위기 조성
　상호이해 깊어짐
　내면의 변화가 생김
　새로운 지식이나 변화를 수용할 수 있는 능력이 생김

• 경청의 요령

　메모를 하면서 듣는다.
　감정이입을 하면서 듣는다.
　말의 의미 전체를 이해하려고 노력한다.
　편견이나 선입견을 배제하고 듣는다.
　상대가 말한 것을 확인한다.(복창 및 이해확인)

02

지시에 대한 메모를 받아 적을 때

메모를 잘 하는 방법을 연습하자

- 메모는 주요 단어 중심으로 빠르고 정확하게 기입한다.
- 숫자, 날짜, 금액, 사람 이름은 정확하게 적고 다시 한번 확인한다.
- 메모지에도 날짜, 시간을 정확하게 기입한다.
- 되도록 6하 원칙에 의거하여 열거한다.
- 메모지를 보며, 질문을 한다.
- 내가 이해한 말로 복창을 하고 틀린 사항이 없는지 반드시 확인한다.
- 메모지에 적었더라도 바로 버리지 않고 일이 끝날 때까지 보관한다.

---

02 사장님께서 나를 부르시고는 다음과 같이 말씀하셨다.

"김비서, 오늘 오후에 회의가 2개 있었는데, 알고 있죠? 그런데 광고팀 회의가 좀 오래 걸릴 것 같아서 좀 조정해야겠어요. 오후 3시에 영업팀의 김부장과의 마케팅회의를 5시로 변경하고, 원래 5시였던 광고팀의 정차장, 이팀장과 외부 광고제작사와의 미팅을 2시로 바꾸면 시간이 더 나을 것 같아요. 스케줄 조정해주세요"

이 경우에 비서인 나는 위의 내용을 메모를 적어보고, 복창을 해보자.

- 메모를 적을 때 _____

_____

_____

_____

- 복창을 할 경우 _____

_____

_____

_____

03

///////////////////////////////////////

보고를 할 때

보고의 타이밍과 중요성을 이해하고 효과적인
보고방법을 알아보자

보고는 타이밍이 중요하다!

- 지시한 업무가 끝났을 때(의무!)
- 장기간 걸리는 일의 진행사항(중간보고)
- 긴급한 상황이 발생한 경우나, 예기치 않았던 일의 발생 시(급한보고)
- 중요하다고 판단되는 일이 생겼을 경우(결과에 영향을 미칠 수 있는 경우)
- 일의 중간보고

효과적인 보고의 방법 1

- 말하기 전에 미리 정리(메모 가능)
- 결론부터 먼저 말하고, 이유나 논리를 설명
- 6하원칙(5W1H1R)으로 말하기(when/where/who/what/why/how/result)
- 보고 시에도 메모지와 펜을 지참하여 주요 내용 중심으로 설명
- 사실을 정확하게 설명

03 02사례에서 비서인 나는 사장님이 지시하신 오후 3시의 영업팀회의와 오후 5시
광고팀의 회의를 2시로 바꾸는 것을 알아보던 중, 외부 광고제작사의 자료준비 미비로 2시에
회의가 어려울 것이라는 답변을 들었다. 이 경우 비서인 나는 사장님께 무어라고 말씀
드려야 할까? 특히 이미 영업팀에 회의를 통보했던 나는 영업팀의 김부장님께 무엇이라
고 해야 할까?

- 사장님께 보고 _____

_____

- 부장님께 보고 _____

_____

효과적인 보고의 방법 2

- 효과적인 내용 전달을 위해 적절한 도구를 선택한다.
  (보고서, ppt, 자료 등)
- 눈맞춤을 하고 몸짓, 표정 등을 사용한다.
- 상대방 입장에서 설명하고 반응을 살핀다.

✎ **보고를 잘 하기 위해서는 우리는 효과적인 말하기를 해야 한다!**

'효과적인 말하기'는

효과적인 말하기

- 상대방에게 자신의 의사를 효과적으로 전달하기 위해 평소 말하는 훈련을 하자.

- 말하는 요령

  말하기 전 내용정리

  명료하고 순서있게 전달

  육하원칙

  5W(when, who, what, why, where) 1H(How many/how much)

  상대방 입장에서 이해하기 쉽게 전달

  반응을 확인하면서 이야기

  상대를 잘 보면서 이야기

  표정, 몸짓, 도표, 그림, ppt 등 다른 수단도 함께 사용

⚿ 상사의 지시를 효과적으로 받고, 보고하는 법을 정리해봅시다.

상사와의 커뮤니케이션			
지시 받는 법		보고 하는 법	
메 모	복 창	실행결과	의 무
5W1H1R	지시 후 질문	보고의 타이밍	지시업무 수행 후
확 인	이름, 장소	진행상황(장기)	예외 상황발생
날짜, 시간, 수	미소와 몸짓	관련업무 입수 시	결론 후 설명
바로 착수	상황설명	사실 설명, 정확	중간보고, 경과, 상황

상사와의 커뮤니케이션(보고방법)			
일반적 원칙과 방법		정보 수집과 도표 그래프	
필요성	완전성	신문, 잡지	인터넷, 인간
적시성	정확성	도표 및 차트 활용	엑셀 이용
간결성	유효성	문제점 부각	시계열적 변화
구 두	전 화	전체와 구성관계	적당한 표현 사용
보고서이용	보고 후 정리	도표, 막대그래프	원, 파이 이용

 잠깐, 이런 경우도 있어요!

 비서 이야기 **02**

아래의 실수 사례는 어떤 이유로 실수가 발생했는지
그 이유에 대해 생각해봅시다.

사례   상사께서 번역을 해 오라고 한글과 영어가 섞여 있는 문서를 주셨는데 비서는 영문
부분을 한국어로 번역해 오라는 것인 줄 알고 독해를 해 갔으나, 상사의 의도는 한국어
부분을 영어로 바꾸라는 말씀이셨다. 그래서 부랴부랴 다시 영작을 해 갔는데 상사께
서는 "처음부터 제대로 확인 좀 하지 그랬어"라는 말씀을 하시며 약간 꾸중을 하셨다.

Chapter **04**

전화업무와
메시지

01

전화응대의 중요성

02

전화응대 준비의 핵심

03

전화걸기의 핵심

04

전화 받기의 핵심

05

전화 메모용지 작성

06

휴대용 메모지 작성

07

국제전화

04

전화업무와 **메시지**

효과적인 전화걸기 · 효과적인 전화받기 · 메모지 작성법과 메모 받아적기

 **학습
목표**   전화응대의 상황 별 메시지 전달과 어구 작성을 연습해보자.
또한 전화응대의 필수품인 메모용지를 직접 작성해보자.

01

전화응대의
중요성

전화응대의 중요성을 알아보자

전화 응대는 비서의 업무의 70%이상을 차지하고 있으며, 음색, 전화번호 암기의 중요성은 비서의 능력을 가늠하게 해준다. 또한 커뮤니케이션의 통로로서의 비서 역할은 비서가 메시지 전달을 잘 함으로써, 결국 상사의 업무결과도 효과적으로 바꿀 수 있다.

또한 커뮤니케이션 능력은 무엇보다 비서에게 요구되는 기능이다. 어떠한 내용이든 빠르고 쉽게, 정확하게 전달하려고 노력해야 한다. 따라서 많은 훈련이 필요하다.

전화업무

- 음성 커뮤니케이션의 대표적 수단(70% 이상)
- 전화의 장점 : 서비스 기능 up, 시간절약, 즉각적 피드백
- 전화의 단점 : 오직 음성으로만 전달하므로 **주의!**
- 상냥 / 매너 / 발음 / 문법 / 어휘 / 목소리 / 연결 / 끊기에 주의

 전화의 5대 요소

Courtesy(예의바름)
Friendliness(상냥함)
Cooperation(협조성)
Job Knowledge(업무지식)
Accuracy(정확함)

02

전화응대 준비의 핵심

전화 응대 요령을 이해하고 연습하자

· 전화목소리는 어떠한가? → 밝고 맑은 목소리로, 기분까지 전달된다.

· 목소리 톤은 어떠한가? → 자신의 목소리 보다 반 톤을 올리자

· 손에 메모지와 펜이 준비되어 있는가? → 전화 옆에는 메모지와 필기구를 항상
갖추어 놓자

· 전화기는 어느 쪽에 있는가? → 일반적으로 왼쪽에 위치함(오른손잡이 경우)

· 얼굴엔 미소가 띄워져 있는가? → 미소를 띄고 전화를 받아야

전화업무의 기본

· 음성과 말의 속도

밝은 목소리
음성의 높낮이 : 1/2톤 높이기
말의 속도 조절

· 언어구사

정확한 발음
문법에 맞는 문장
국제적 통화언어
상대방 수준 어휘 선택
전문용어 / 약어 / 속어는 피해야
기본 영어회화 숙지

· 태도

밝고 명랑한 목소리
예의 바른 태도
감정조절
배려심 표현
미소

효과적인 전화 응대

전화와 방문을 모두 활용할 수 있게 만들자

전화 ☑ 방문 □ 하였습니다.

_____ 께

_____ 의 _____ 님 으로 부터

일시 : 20 년 월 일

　　am/pm :

□ 전화요망(Tel :　　　　　　)

□ 안부전화 / 방문

□ 다시 전화 / 방문 하겠음(일시 :　　　　)

□ 급한 용건

□ 만나 뵙길 원하심

♧ Memo ♧

참석□　불참□

작성자 : 송희원

⚠ 순서 및 기본예절

- 즉시 받는다(speak with smile)
- 부서 / 이름 밝힌다.
- 통화 형편을 묻는다.
- 휴일 다음날 및 월요일, 바쁜 오전은 피한다.
- 가능한 정보 제공
- 통화 끝까지 친절 유지
- 개인전화는 되도록 금지

전화 메모지는 자신의 이름을 넣어서 만들어서 사용하자

응대 할 때 주의점

- 전화받은 즉시 받고, 적어도 ③번 울리기 전에 받음
  - → 사정으로 전화를 늦게 받을 경우 "늦게 받아서 죄송합니다"라고 말함
- 인사말과 부서 이름을 정확하게 말함
  - → "감사합니다. 비서실 김삼순입니다."
- 상사가 자리에 없을 경우 **메모**를 함
  - → "지금 잠시 안계시는데, 제가 메모를 남겨 드릴까요?" 라고 말하며, 메모를 남김
- 반드시 상대방이 먼저 전화를 끊고 나서 끊음
  - → 상대가 수화기를 완전히 놓은 것을 (확인)하고 살짝 내려 놈

- 항상 맑은 목소리를 유지
- 상대방의 말을 먼저 고려
- 반드시 소속과 이름을 말함
- 상대방이 수화기를 끊고 나서 내려 놓기
- 전화 통화는 핵심만 이야기
- 전화벨이 3번 울리기전에 받음
- 통화시 메모를 함

✍ **전화응대에 대한 내용을 순서적으로 정리하여 적어봅시다.**

👤 **01** 〈나는 삼흥전자 김철수 사장님의 비서 이진아이다〉 전화응대요령에 맞춰 내가
해야 할 행동과 해야 할 말을 구체적으로 정리해보자.

• 전화벨이 울리면 언제 받는가? _____

• 전화벨이 울리면 나의 목소리 톤은? _____

• 전화벨이 울리면 얼굴은? _____

• 전화벨이 울리면 어느 손으로 받을까? _____

• 전화벨이 울리면 오른 손은 무엇을 할까? _____

• 전화벨이 울리면 나의 자세는? _____

• 전화를 받자 마자 무슨 말을 할까? _____

• 사장님께 돌려 드릴 때는 상대방에게 _____

• 사장님이 안계시면? _____

• 용건을 듣고 난 후에는? _____

• 전화의 끝인사는? _____

• 누가 먼저 끊을까? _____

• 수화기 내려 놓는 방법 _____

• 기타 주의사항은? _____

_____

_____

_____

03

전화걸기의 핵심

전화를 거는 방법을 숙지하자

전화걸기

전화를 걸기 전에, 미리 준비를 반드시 해야 효과적인 통화를 할 수 있다.

! 통화 준비

- 통화 할 사람의 이름, 전화번호 확인
- 전달 할 용건을 5W1H에 따라 순서대로 정리(메모가능)
- 대화와 관련된 참고자료 or 서류준비
- 통화 중에 기록 할 필기도구 준비
- 상대방의 이름과 직책명을 재 확인 후 전화번호를 정확히 누름

! 통화 방법

- 자신의 소속과 이름을 밝히고 상대를 확인
- 용건전달 후 상대방의 이해여부 파악
- 끝 인사 후 통화를 마침
- 통화를 마칠 때 전화를 건 사람이 먼저 전화를 끊는 것이 일반적
- 잘못 걸었을 경우 "죄송합니다. 전화가 잘못 걸린 것 같습니다만 ○○○-○○○○ 아닙니까"라고 정중히 사과를 한뒤 번호를 확인

비서는 상사를 대신해서 전화를 걸게 되기 때문에 상대방이 있는 경우, 없는 경우, 연결할 경우를 고려해서 상사에게 보고 해야 한다. 상대가 없을 경우는 끊지 말고, 바로 상사에게 상황을 보고하고 다음 지침을 받는다.

- 전화를 연결할 때는 직급을 고려 → 상대적으로 직위가 낮은 분이 먼저 대기
- 상대방이 없을 때 → 언제 오시는 지, 일정은 어떤 지를 확인하고 상사에게 보고
- 상사의 메시지 전달 → 상사의 메시지를 전달할 때는 정확하게, 상대의 복창 요구

✎ **전화걸기에 대한 내용을 순서적으로 정리하여 적어봅시다.**

02 〈나는 삼흥전자 김철수 사장님의 비서 이진아이다〉 나는 〈기획프로젝트〉건에 대해서 상화공업 장은수 부사장님께 전화를 걸어 사장님과 연결해야 하는데, 전화 거는 요령에 맞춰 내가 해야 할 행동과 해야 할 말을 구체적으로 정리해보자.

• 전화걸기 전에 내가 확인하고 준비할 사항(plan)

• 전화를 걸자 마자 상대가 나오면?

• 상화공업 장은수 사장님이 안계신다고 하는 말을 들었을 때?

• 이 사항을 사장님께 전달할 때

• 장사장님께서 돌아오시는대로 전화해달라고 메시지를 넣길 때

• 장사장님과 우리 사장님을 연결할 때 비서에게 하는 말?

전화 걸기 상황 1

> **!** 전화가 잘 들리지 않는 경우

- "뭐라구요? 안들리는데요" 하는 표현 보다는
  "좀더 크게 말씀해 주시겠습니까?"라고 공손하게 요청
- 전화상태가 계속 나쁜 경우 "다시 걸겠습니다" 하고 끊고 다시 연결

> **!** 자동 응답기에 녹음을 할 경우

- 메시지를 정확하게 남김
- 전화를 건 사람의 소속, 이름, 용건, 전화번호, 메시지를 남기고, 날짜와 시각도 남김

> **!** 통화 중에 전화가 끊어졌을 경우

- 전화를 건 쪽에서 다시 전화를 거는 것이 원칙
- 상사가 통화 중에 전화가 끊겼다고 인터폰을 할 경우 "네 다시 연결해 드리겠습니다."라고
  말하고 신속하게 전화연결
- 전화를 다시 걸 때에는 "전화가 끊어졌습니다. 죄송합니다."라고 인사 후 통화를 다시 연결

전화 걸기 상황 2

> **!** 통화 희망자가 부재중 일 때

- 통화 가능 시간을 만드시 물어봄
- 다시 전화한다거나, 희망자가 돌아오면 전화 해 줄 것을 요청
- 메시지를 남길 경우, 자신의 이름 / 소속 / 전화번호를 알려줌
- 수신자의 이름과 통화 하려 했던 상대와의 관계를 확인

> **!** 비서가 상사의 요청으로 전화를 거는 경우

상사와 통화 상대자의 지위 서열을 생각하여 연결 순서를 정한 후, 전화 걸기
- 상대방의 비서가 나오면 → 인사 → 상사의 부탁으로 전화 했음을 밝힘
- 상대가 직접 전화를 받았을 때 → "안녕하십니까? ○○○사장님께서 통화를 원하십니다.
  바로 연결하겠습니다." 라고 정중히 인사하고 즉시 전화를 연결
  - 상사 < 상대 → 상사의 이름 직위, 회사명 등을 밝힌 후, 상대방 비서와 우리 상사를 먼저
    연결
  - 상사 > 상대 → 상대방 비서에게 상사를 먼저 바꿔달라고 요청하여, 나와 상대가 먼저 연결
  - 상사 = 상대 → 상대방의 비서에게 "같이 여쭐가요?"라고 말함

전화걸기
Check
List

✎ 상대와 전화걸기에 대한 내용을 순서적으로 정리하여 적어봅시다.

확 인 사 항	Yes	No
상대방의 번호를 확인하고 걸었습니까?		
자신의 이름을 정확히 말했습니까?		
상대방의 통화가능 여부를 물었습니까?		
첫인사를 자연스럽게 했습니까?		
요점을 서로 확인 했습니까?		
알기 쉬운 말로 전화 했습니까?		
확실하고 밝은 목소리였습니까?		
경어 사용을 적절히 했습니까?		
끝맺는 인사말을 했습니까?		
국제전화의 경우 시차에 유의 했습니까?		

다른 확인사항이 있다면,
추가로 적어봅시다.

04

///////////////////////////////

전화 받기의
핵심

전화를 받는 방법을 숙지하자

- 전화를 받자 마자 → 인사 후 회사명, 상사이름, 나의 이름을 말한다.

  외부전화 → "안녕하세요. 인하주식회사 김철수 사장실의 김미정입니다."

  내부전화 → "안녕하세요. 사장실 김미정입니다."
- 상대방이 통화 요청할 때 → 상사가 받으실 수 있는지 먼저 알아보겠다고 한다.
- 상사에게 전화 연결할 때 → 직급에 따른 전화 연결 중재
- 상사 부재 시 → 상사의 돌아오시는 시각을 알려주며, 메시지를 받는다.

  급한 메시지인 경우는 상사에게 연락하여 알려 준다.

전화받기

- 걸려온 전화를 상사에게 연결할 때

  상대의 이름, 소속, 용건을 상사에게 전함

  상사가 전화를 받을 수 없을 경우는 사정을 이야기 후, 기다릴 지 다시 전화 할 지에 대한
  의견을 들음

- 상사가 부재중일 경우

  부재 사실을 알리고 메시지를 받음

  상사의 부재를 설명할 때는 자세한 정보를 말하지 않음

  (!) 상대를 기다리게 할 경우

  - 상사가 전화를 받지 못할 경우 → 상황을 알리고 계속 기다릴 지 확인
  - 통화가 오래 지속되거나, 또는 상대방의 지위가 상사보다 높을 경우
    비서가 다시 연결 할 것을 제의

  (!) 통화를 대기 시키는 경우

  - 전화를 받고 있는 중간에 다른 전화가 걸려 오면 먼저 통화하던 사람에게 양해를 구하고
    전화를 잠시 대기시킴
  - 나중에 온 전화를 받은 후 먼저 전화를 건 사람과 통화가 끝날 때까지 기다려 줄 수 있는 지
    를 물어 양해를 구하고 전화를 대기 시킴

✐ 전화받기에 대한 내용을 순서적으로 정리하여 적어봅시다.

🎙 **03** 〈나는 삼흥전자 김철수 사장님의 비서 이진아이다〉〈기획프로젝트〉건에 대해서 상화공업 장은수 부사장님의 비서에게 전화가 왔다. 다음의 대화 및 해야할 말을 완성해보자.

• 이진아 _____

• 상대방비서 (안녕하세요. 상화공업 장은수 부사장님실인데요, 저희 부사장님께서 김사장님과 통화를 원하십니다)

• 이진아(통화사정 알아볼 때) _____

• 이진아(사장님이 연결하라고 할 때)

1) 우리 사장님이 직급이 더 높을 때, 상대방 비서에게 하는 말

_____

2) 장부사장님이 직급이 더 높을 때, 상대방 비서에게 하는 말

_____

3) 비슷한 직급일 때, 상대방 비서에게 하는 말

_____

• 이진아(사장님이 안계실 때) _____

• 이진아(사장님이 통화중이실 때) _____

• 이진아(상대가 전화부탁한다고 할 때) _____

• 이 사항을 사장님께 전달할 때 _____

_____

_____

_____

전화받기(순서)

- 전화받기

  벨이 울리면, 일을 멈추고 즉시 받음

  동료와 대화 중이라면, 얼른 중단한 뒤 전화를 받음

  왼손으로 수화기, 오른손으로 메모할 준비

  밝은 목소리로 회사명, 부서명, 본인의 이름을 밝힘

  상대방의 신분확인 후 인사를 함

- 용건듣기

  빠짐없이 메모하며 들음

  용건의 중요사항을 복창

  이해가 안되거나 궁금한 사항은 바로 질문

  상대방의 질문에 신속하고 정확하게 대답

- 통화 마무리

  마무리 인사에는 "전화해 주셔서 감사합니다. 안녕히 계십시오"라고 말함

  통화가 끝난 후, 상대가 먼저 끊은 후에 조용히 수화기를 내려 놓음

TIP!

- 전화 메모에는 걸려 온 시각을 반드시 적음
- 자리를 비운 후 돌아왔을 때 동료에게 부재중 전화는 없었는지 반드시 확인
- 메시지를 전할 때에는 메모를 남겼더라도 다시 구두로 확인 하는 것이 좋음
- 전화가 많은 경우에는 전화 메모를 노트 형식으로 사용
- 통화 중에 흘려 쓴 글씨는 전화 메모지에 옮겨 적었다 하더라도 바로 버리지 않음

일반적으로는 업무일지에 함께 기록한다.

전화가 많이 오거나, 대고객 업무가 많은 경우는 전화기록부를 사용한다.

전화기록부 예

날짜/시간	회사/외부	이름/직함	내 용	회신번호	기 타	받은사람
10:30	자금부	김철수 상무	마케팅 회의 건	2384	다시 걸겠음	김하나
10:50	해외부	홍동인 이사	1월 투자 건	2524	다시 걸겠음	김하나
11:32	제일기업	장인호 사장	26일 식사약속	02)000-0000	회신요망	김하나
11:45	한동실업	김경민 전무	경제인 모임 건	02)000-0000	회신요망	김하나

Check List

✍ 상대와 전화받기에 대한 내용을 순서적으로 정리하여 적어봅시다.

확 인 사 항	Yes	No
전화벨이 3번 이상 울리기 전에 받았습니까?		
미소를 띤채로 인사하고 자신의 소속을 밝혔습니까?		
왼손으로 수화기를 들고 오른손으로 메모할 준비를 완료하였습니까?(왼손잡이의 경우는 반대)		
연결하여야 할 전화인 경우 끊어지지 않게 잘 연결하였습니까?		
메모를 받아 적어야 할 경우 실수없이 요점을 적고 복창하여 확인받았습니까?		
경어 사용을 적절히 했습니까?		
끝맺는 인사말을 했습니까?		
상대방이 전화를 먼저 끊은 것을 확인 후 그 다음에 끊었습니까?		

다른 확인사항이 있다면,
추가로 적어봅시다.

05

전화 메모용지 작성

전화메모 용지가 회사에 있더라도, 본인의 이름이 인쇄되어있는 메모지를 사용하면 훨씬 효과적으로 사용할 수 있으며, 상사가 보기에도 일을 능률적으로 한다는 느낌을 줄 수 있다.

- 전화 / 방문사항을 다 포함하는가?
- 크기는 A4용지 1/4 크기로 작성한다.
- 작성자에는 내 이름이 인쇄되도록 한다.
- 추가 사항을 써넣을 수 메모란을 만든다.

📇 메모지의 예

전화나 방문중 하나를
표시 할 수 있게 작성

전화 ☑ 방문 □ 하였습니다.

_____ 께
_____의 _____ 님으로부터

일시 : 20 년 월 일
    am/pm :
□ 전화요망(Tel :   )
□ 안부전화 / 방문
□ 다시 전화 / 방문 하겠음(일시 :   )
□ 급한 용건
□ 만나 뵙길 원하심

♣ Memo ♣

메모를 할수있게끔
만든다.

참석□   불참□

작성자 : 김희라

전화 메모지는 자신의
이름을 넣어서 만들어서
사용하자

🖼 메모 용지의 예 → A4크기 1/4크기로 만들어 복사하여 사용한다.

전화 ☑ 방문 □ 하였습니다.

_____ 께
_____의 _____ 님 으로 부터

일시 : 20 년 월 일
    am/pm :
□ 전화요망(Tel :   )
□ 안부전화 / 방문
□ 다시 전화 / 방문 하겠음(일시 :   )
□ 급한 용건
□ 만나 뵙길 원하심
♣ Memo ♣

참석□   불참□
작성자 : 이진아

전화 ☑ 방문 □ 하였습니다.

_____ 께
_____의 _____ 님 으로 부터

일시 : 20 년 월 일
    am/pm :
□ 전화요망(Tel :   )
□ 안부전화 / 방문
□ 다시 전화 / 방문 하겠음(일시 :   )
□ 급한 용건
□ 만나 뵙길 원하심
♣ Memo ♣

참석□   불참□
작성자 : 이진아

전화 ☑ 방문 □ 하였습니다.

_____ 께
_____의 _____ 님 으로 부터

일시 : 20 년 월 일
    am/pm :
□ 전화요망(Tel :   )
□ 안부전화 / 방문
□ 다시 전화 / 방문 하겠음(일시 :   )
□ 급한 용건
□ 만나 뵙길 원하심
♣ Memo ♣

참석□   불참□
작성자 : 이진아

전화 ☑ 방문 □ 하였습니다.

_____ 께
_____의 _____ 님 으로 부터

일시 : 20 년 월 일
    am/pm :
□ 전화요망(Tel :   )
□ 안부전화 / 방문
□ 다시 전화 / 방문 하겠음(일시 :   )
□ 급한 용건
□ 만나 뵙길 원하심
♣ Memo ♣

참석□   불참□
작성자 : 이진아

TIP!

자신만의 스타일로 메모지를 정해놓고 사용하면, 메모지를 봐도 누구의 것인지 금방 알 수 있다.

04 〈나는 삼흥전자 김철수 사장님의 비서 이진아이다〉 오늘은 8월 7일 수요일이며 현재시각 3시 반인데, 사장님은 영업회의에 들어가셨다. 방금 제일철강 심재인사장님으로부터 전화가 왔는데, 심사장님께서는 갑작스런 출장일정으로 부산으로 내려가시는데, 모레 2시 반 조선호텔에서 열리는 최고경영자모임에 불참하신다고 하시며, 김사장님은 그날 참석을 하시는 지 알고 싶다고 하셨다. 또한 그날 발표 자료를 미리 팩스로 보낼까 아니면 당일날 회의장으로 비서 편에 보낼까 하시면서 회신을 부탁하신다고 하였다.

이러한 사정을 구두로 사장님께 메시지로 전달할 때, 할 수 있는 말은?

또는 메시지로 작성할 때 아래의 메모지에 직접 작성해보자.

전화 □ 방문 □ 하였습니다.

전화 방문 하였습니다.

_____님

_____의 _____로부터

날짜 / 시간 : _____년_____월_____일   AM ___ PM ___

□ 전화요망(Tel :   )

□ 다시 거시겠다고

□ 그냥 전화했다고만

□ 급한 용무시라고

♣ Memo ♣

작성자 :

05 〈나는 삼흥전자 김철수 사장님의 비서 이진아이다〉 오늘은 11월 19일 화요일이며 지금 시각은 오후 4시이다. 사장님께서는 외부에 회의가 있어서 외출 중이시다. 조금 전 영인기획 이영호 사장님으로부터 전화가 왔는데 내일 저녁 6시에 예정되어 있던 만찬 모임을 이번주 금요일 22일 저녁으로 옮기면 어떻겠는지 알고 싶다고 하셨다. 사장님 일정을 재빨리 확인해 보니 금요일 저녁에는 이미 선약이 되어 있으셔서 이영호 사장님께 그날 저녁은 좀 어려우실 것 같다고 말씀을 드렸다. 이야기를 들으신 이영호 사장님께서는 그럼 우리 사장님께서 돌아오시는 대로 통화를 하고 싶다고 말씀 하셨다.

이러한 사정을 구두로 사장님께 메시지로 전달할 때, 할 수 있는 말은?

또는 메시지로 작성할 때 아래의 메모지에 직접 작성해보자.

전화 □ 방문 □ 하였습니다.

전화 방문 하였습니다.

_____님

_____의 _____로부터

날짜 / 시간 : _____년_____월_____일   AM ___ PM ___

□ 전화요망(Tel :   )

□ 다시 거시겠다고

□ 그냥 전화했다고만

□ 급한 용무시라고

♧ Memo ♧

작성자 :

06 〈나는 상흥전자 김철수 사장님의 비서 이진아이다〉 9월 13일 월요일, 사장님께서는 현재 출타중이시고 식사 후 2시경에 들어오신다고 하셨다. 11시반쯤 사장님과 절친한 친구 분이신 조은전자 김필현사장님께서 들르셨는데, 근처 거래처에 오셨다가 일을 마치시고 식사나 할까 하고 들르셨다. 평소에도 늘 연락없이 들르셨던 분이시라 오늘도 그냥 오셨다. 이때 비서인 내가 할 수 있는 말은?

_____

_____

_____

사정을 이야기 했더니, 김 사장님께서는 그냥 알았다고 하시면서 돌아가셨다. 이와 같은 상황을 메시지를 활용하여 사장님께 알려 드릴 때, 메시지 내용을 작성해보자.

전화 □ 방문 □ 하였습니다.

전화 방문 하였습니다.

_____님

_____의 _____로부터

날짜 / 시간 : _____년_____월_____일   AM ___ PM ___

□ 전화요망(Tel :   )

□ 다시 거시겠다고

□ 그냥 전화했다고만

□ 급한 용무시라고

♧ Memo ♧

```



```

작성자 :

06

휴대용 메모지 작성

휴대용 메모지는 상사 외출 또는 퇴근시에 비서가 드리는 메모지로써, 크기는 상사의 포켓 사이즈로 만들 수 있다. 이때 약속이 있는 경우는 약속장소, 대상, 전화번호 및 만나는 곳을 적어드린다. 또한 휴대용 메모지는 상사가 휴대하고 다니면서 사용할 수 있도록 메모지를 넉넉하게 넣어드린다. 실제로 상사들에게 만들어 드리면 매우 유용하게 사용할 수 있으며, 상사의 비서에 대한 만족감을 매우 높일 수 있는 도구이다.

 휴대용 메모지 예

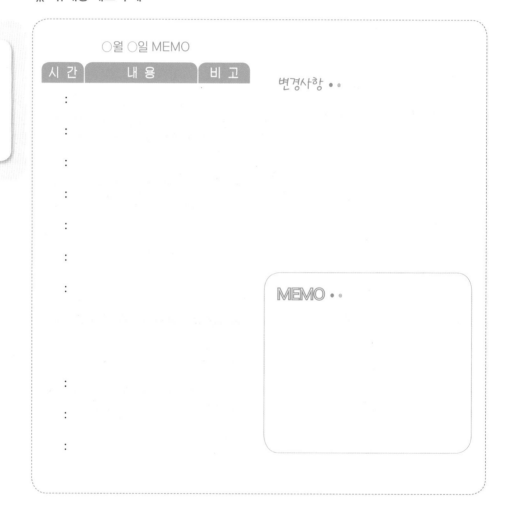

TIP!
최근 상사 휴대폰에 적어드리기도 하지만 직접 만든 휴대용 일정표를 선호하시는 분도 많다.

• 상사 안주머니에 들어갈 수 있는 수첩 크기로 만들고
• 커버는 딱딱한 재질로 만들고
• 속지는 갈아 끼울 수 있도록 만들자

✏ 겉표지

작성법 1

휴대용 일정표의 겉표지로
딱딱한 재질로 만들고
비닐커버를 씌워준다.

작성법 2

휴대용 일정표의 속표지로
크기는 겉표지보다 조금작게,
바꿔줄수 있게 여러장을
만든다.

✏ 속지

Schedule • •

20_____년_____월_____일

• 시 간 :

• 장 소 :

• 전 화 :

MEMO • •

07 9월 20일 월요일, 저녁 7시에 롯데호텔의 이탈리안 식당에서 사장님께서는 친구분이신 조은전자 김필현 사장님과 식사 약속이 있으시다. 이때 내가 휴대용 일정표에 적어드리기 위해 좀 더 알아볼 내용은 무엇이며 휴대용 일정표에는 어떻게 적어 드려야 할까?

내가 알아볼 내용은?

필요한 내용을 전부 다 알아본 후에 이 내용을 휴대용 메모지에 적는다면, 아래의 빈칸에 양식을 작성하고, 그 내용을 써보자.

최근 상사는 비서와 일정표를 연동하여 사용하므로, 이 경우는 핸드폰 일정표에 직접 적어 드린다.

07

국제전화

국제화 시대에 따라, 비서는 반드시 영어로 전화응대가 가능해야 하며, 전화 메시지도 영어로 남겨놓을 수 있어야 한다.

전화응대에 필요한 5W 1H

• Who: Mr.David (of Samhung)

• What: wants to see Mr.Willey

• When: on Thursday, November, 9

• Where: in Lotte Hotel coffee shop

• Why: to discuss the business

• How: asks to call back to 010-9999-1111

📖 전화 응대시 외국어 사용

한국어	English
안녕하세요, 삼홍전자의 이진아 입니다.	Good Mornig. This is Samhung Company. Jin A Lee speaking.
김씨 좀 바꿔주세요.	May I speak to Mr. Kim?
그는 지금 통화중 입니다.	He's on another line.
지금 자리를 비웠습니다.	He's not here right now.
그는 언제쯤 돌아 옵니까?	When do you expect him?
메시지를 남겨 드릴까요?	May I take your message?
제 전화번호는 123-4567입니다.	My Phone number is 123-4567
더 천천히 말씀해 주시겠습니까?	Please speak more slowly.
나중에 다시 전화하겠습니다.	I'll call you again.
전화 주셔서 고맙습니다.	Thank your for calling.

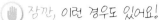
잠깐, 이런 경우도 있어요!

비서 이야기 03

아래의 실수 사례는 어떤 이유로 실수가 발생했는지 그 이유에 대해 생각해봅시다.

사례 1 A일보 J회장님과 D일보 K회장님은 아주 절친한 사이이시다. 하지만 K회장님께서는 매우 엄격하신 분이셔서 가끔 J일보 사무실로 전화를 하실 때 마다 비서가 더욱 더 신경 써서 친절하게 응해 드리곤 하였다. 어느 날 J회장님께서 통화 중이신데 K회장님께서 직접 사무실로 전화를 거셨다. 비서는 지금 잠시 통화중이신데 곧 끊으실거 같다고 하면서 끊으시는 대로 바로 연결해 드리겠다고 말씀드리고 인터폰으로 J회장님께 K회장님께서 전화하신 사실을 알려 드렸다. 회장님은 "알겠어 금방 받을거야" 라고 답을 하시고는 계속 먼저 걸려온 전화를 끊지 않으시고 통화를 하셨다. K회장님께서는 계속 전화를 들고 기다리시는 중인데 비서는 진땀이 났다. 마침 J회장님께서 전화를 끊으시고 K회장님 전화를 연결하라고 하셔서 연결을 해 드렸는데 K회장님께서는 연결해 주는 비서에게 "잠깐이 뭐 이렇게 기나?" 하면서 꾸중을 하셨다.

사례 2 H건설 사장님 비서 L씨는 외부회의 가셨다가 들어오시는 사장님을 기다리고 있었다. 그런데 사장님께서는 비서실로 전화를 거셔서 "오늘 회의가 생각보다 늦게 끝나서 바로 집으로 갈게요" 라고 말씀하셨다. 비서는 "네 사장님 알겠습니다. 내일 뵙겠습니다."라고 정중히 인사 드린 뒤 전화를 끊었다. 잠시 뒤, 사장님께서는 비서실로 다시 전화를 하셔서 "L비서, 그런데 내가 높아? 자네가 높아?"하셨다. 당황한 L씨는 "네 사장님?" 하고 되물었다. 그랬더니 사장님께서는 "내가 높으니 전화도 내가 먼저 끊는게 맞는거야. 다른 분들에게도 그런 식으로 응대하나?"라고 L비서를 혼을 내셨다. L씨는 주의를 한다고 했는데 실수로 사장님께서 전화를 끊으신 것을 확인치 않고 전화 수화기를 먼저 내려 놓았다는 걸 그때서야 깨닫고 사과말씀을 드렸다. 그 뒤로 L양은 걸려 오는 모든 전화는 상대방이 끊으신 것을 확인하고 수화기를 내려놓는 버릇이 생겼다고 한다.

비서 커뮤니케이션 실습

Chapter 05

내방객 응대

01

내방객 응대의 중요성

02

내방객 응대의 요령

03

미리 오신 손님을 맞을 때의 응대
(Step by Step)

04

내방객 명함을 받는 법

05

차 응대의 핵심

06

명함관리 및 데이터베이스 활용

내방객 응대방법 · 명함읽기와 데이터베이스 만들기 · 효과적인 차 응대

**학습
목표** | 내방객 응대 요령을 숙지하여 명함받기, 손님 응대방법 등을 실제 연습하여 본다.

01
내방객 응대의 중요성

MISSION **손님 응대의 중요성을 알아보자**

손님은 상사를 만나시러 오시는 분! 그러나 상사를 만나시기 전에 비서를 먼저 만나게 된다. 비서의 첫인상은 곧 상사의 첫인상, 나아가 회사의 첫인상이 될 수 있다. 따라서 비서는 누구에게나 친절하고 공손하고, 손님이 방문하신 목적을 효과적으로 달성할 수 있도록 응대하여야 한다.

02
내방객 응대의 요령

· 한번 방문한 손님은 이름, 직함, 얼굴, 차의 취향을 암기하여 두 번째 오실 때부터는 비서가 암기하여 이름을 불러주며(예 김전무님 안녕하셨어요.) 음료도 전적으로 알아서 준비한다.(예 커피는 프림에 설탕 한 스푼이죠?) 처음오시는 분이 아주 중요하신 분인 경우에는, 상대방 비서에게 미리 연락하여 차의 취향을 알아둔다.

· 약속이 된 경우는 미리 20-30분 전부터 준비하고 있다가 손님이 오시면 반갑게 맞이 하도록 한다.

· 맡기신 물건은 소중하게 보관하고 있다가 가실 때쯤 미리 꺼내놓고 준비하여 잊지 않도록 한다.

· 손님에 대한 응대는 누구든 공평하게 하나, 상사의 접견여부는 상사의 취향과 방식을 파악하여 응대하도록 한다.

· 좌석 배치와 차 서비스는 직책 순으로 결정한다.(문에서 먼 곳이 상석, 풍경이 보이는 경우에는 풍경이 바라다 보이는 곳이 상석)

✎ **손님 응대의 포인트**

· 얼른 자리에서 일어났는가?
· 반갑게 맞이할 준비를 하고 있었는가?
· 이름과 직책을 외우고 있는가?
· 얼굴엔 미소가 띄워져 있는가?

03

미리 오신 손님을 맞을 때의 응대
(Step by Step)

- 약속된 손님이 맞는가?
- 맞다면 상사에게 즉시 도착 사항을 연락한다.
- 기다리시는 동안 읽을 거리와 음료를 내드린다.
- 예정 시간 보다 상사가 늦어지면 다시 한번 상사에게 상기(remind)시켜드린다.
- 상사가 외출하신 경우에는 기사, 상사의 핸드폰으로 연락할 것.

01 사무실에 10시에 약속하신 기린무역 김철수 상무님께서 9시 30분에 방문하셨다. 현재 사장님은 회의 중이시다. 이때 비서인 나는 어떤 행동과 어떤 말을 해야 할 지를 아래에 순서대로 써보자.

02 현재 사장님은 지점을 순찰하시는 중이시고, 오후 2시 30분에 들어오실 예정이다. 지금 시각 2시인데, 외부에서 손님이 오셨다. 이분은 약속없이 오신 상진기획 홍기철 전무님이시다. 이때 비서인 나는 어떤 행동과 어떤 말을 해야 할 지를 아래에 순서대로 써보자.

04

내방객 명함을 받는 법

명함받는 법과 읽는 법을 익히자

• 손님께서 명함을 건네주시면, 양 손으로 공손히 받는다.

• 받은 후, 즉석에서 바로 읽고 확인한 후, 다시 반갑게 인사를 건넨다.
  (**예** 기린전자 김홍철 전무님이시네요. 반갑습니다.)

• 잘 모르는 글자는 그 자리에서 물어본다.

• 명함을 받은 후, 오른 편에 놓고 만지작 거리지 않는다.

• 명함들을 모아, 주소록을 만들어 사용한다.

✍ **다음과 같은 명함을 받았을 때 비서가 할 수 있는 말을 써보자.**

Ⓐ	Ⓑ
KS 금강식품 총무팀/과장 구 선 화 135-010 서울시 강남구 논현동 120-20 TEL : 3481-0562 FAX : 3449-6231	♣ *GENERAL MOTOR* Dr. Jason R. Chappalo Vice President 1505 GENERAL MOTOR GROUP, 46 Central Terr., Tenafly, NJ 07670 PO BOX 80408 (201)555-1113 FAX(201)555-1119

03 사무실에 Ⓐ분이 오셔서 위와 같은 명함을 주셨다. 비서가 해야 할 행동과 말을 순서대로 써보자.

_____

_____

_____

04 사무실에 외국인 Ⓑ분이 오셔서 위와 같은 명함을 주셨다. 비서가 해야 할 행동과 말을 순서대로 써보자.

_____

_____

_____

05

차 응대의 핵심

- 손님께서 오시면 상사실로 안내한 후, 메모지를 준비하고 바로 차를 주문 받는다.
- 이때 준비할 수 있는 차의 종류를 바로 알려줘서, 손님에게 선택할 수 있도록 한다.
  (예 무엇을 드시겠습니까? 녹차, 홍차, 커피, 생강차가 준비되어 있습니다)
- 손님이 선택하면, 구체적인 취향을 물어본다. 특히 커피의 경우는 꼭 물어본다.
  (예 커피는 어떻게 드릴까요?)
- 주문 받은 차를 낼 경우, 상석부터 드린다. 내부 인사인 경우, 상급자 순서로 내고, 외부인이 있는 경우는 손님부터 낸다.

✎ 차 응대의 포인트

- 손에 메모지가 있는가?
- 준비할 수 있는 차/음료의 이름을 알고 있는가?
- 외국인 손님인 경우, 준비할 수 있는 차/음료의 영어(일어) 이름을 알고 있는가?
- 손님마다 취향을 물어 보았는가? (예 커피 한 스푼에 설탕 한 스푼)

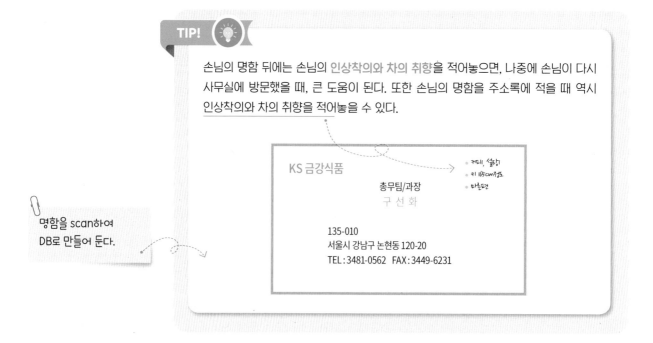

TIP!

손님의 명함 뒤에는 손님의 인상착의와 차의 취향을 적어놓으면, 나중에 손님이 다시 사무실에 방문했을 때, 큰 도움이 된다. 또한 손님의 명함을 주소록에 적을 때 역시 인상착의와 차의 취향을 적어놓을 수 있다.

명함을 scan하여 DB로 만들어 둔다.

KS 금강식품

총무팀/과장
구 선 화

커피, 설탕
키 165cm정도
마른편

135-010
서울시 강남구 논현동 120-20
TEL : 3481-0562 FAX : 3449-6231

05 삼진기획 홍기철 전무님께서 오셔서 상사 방으로 모셨다. 홍전무님은 우리 사무실에 처음 오시는 분으로, 키는 180cm정도에 약간 마르신 체격이며, 안경을 쓰셨다. 다음의 대화를 고려하여, 비서의 행동과 할 말을 써보도록 하자.(현재 우리 사무실에는 홍차, 녹차, 커피, 쌍화차, 율무차가 준비되어 있다.)

1) 비서 : _____

   손님 : 커피 부탁합니다.

   비서 : _____

   손님 : 크림빼고 설탕 한 스푼만 넣어주세요.

   비서 : _____

2) 손님이 돌아가신 후, 비서의 손에는 홍기철 전무님의 명함이 남겨져 있다. 비서는 명함을 어떻게 해야 할까?

   _____

   _____

   _____

   _____

   _____

SJ 삼진기획

영업부/전무
홍 기 철 Hong, Ki Chul

우) 120-265
서울시 강남구 대치동 삼진기획빌딩 5층
H) 02-562-9807, Fax) 02-562-9806

06 나는 삼일은행 본점 은행장 비서이다. 방금 서울의 방배동 지점에서 손님들이 오셨는데, 방배지점장, 부지점장, 대리 두 분이 방문하셨다. 이때 차를 낼 때 어떤 순서로 내야할까?

1) _____

2) _____

3) _____

4) _____

07 같은 날 오후 2시, 제일은행 은행장님과 부행장님께서 우리 사무실에 방문하셨다. 은행장님실로 안내한 후 차 주문을 받았다. 나는 차를 어떤 순서로 내야할까?

1) _____

2) _____

3) _____

4) _____

06

명함관리 및 데이터베이스 활용

- 손님들의 명함을 모아 둘 때, 명함첩이나, 명함박스를 이용한다.
- 손님들의 명함을 모아, 엑셀 또는 엑세스 또는 아웃룩을 이용하여 데이터 베이스를 만들어 주소록으로 활용한다.(또는 명함 앱을 사용하기도 한다)
- 손님이 갖고 오신 선물들을 기입할 수도 있고, 우리가 보낸 선물리스트로 활용한다.
- 손님들의 차의 취향, 인상착의 등을 적어서 기억에 도움이 되도록 한다.

명함 DB의 예

이름	회사	부서 및 직함	주 소	전화번호	핸드폰	인상착의 및 취향	기타
김철수	삼진기획	사 장	서울시 강남구 역삼동 111-1	02)543-3456	010-0010-0001	커피1, 설탕1	회사 팜플렛 주심
민효성	서흥물산	영업전무	경기도 안산시 중흥동 111-2	031)201-222	010-1111-2222	키180 정도, 녹차	회사 기념품 받음

08 명함 10장을 준비하여 데이터 베이스로 만들어 보자. 이때 주의할 점은 무엇이고 어떤 논리로 데이터베이스를 만들어야 하는 지 생각해보자.
(데이터베이스를 만들 때 고려할 점, 우편을 보낼 때 라벨링 기능이 가능한가? 주소록으로 활용가능한가? 차의 취향이나 인상착의 등을 적을 수 있는가? 등)

1) _____

2) _____

3) _____

4) _____

_____

_____

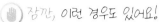 잠깐, 이런 경우도 있어요!

 비서 이야기 04

 비서업무 성공사례를 읽고 성공요인을 적어봅시다.

사례 1 서로 경쟁업체인 S사와 L사의 방문객들을 마주치지 않게 하여 사장님께 큰 칭찬을 들었어요!

현재 사장님께서는 사무실에서 삼신중공업 이준혁 사장님과 미팅중이시다. 이 때 선약도 없이 갑자기 일양중공업 박지호 사장님께서 방문 하셨다. 박지호 사장님은 우리 사장님과 평소에 친분이 있으셔서 가끔은 약속 없이 사무실에 들르곤 하셨는데 지금 사장님께서 만나고 계신 이준혁 사장과는 경쟁 업체의 관계란 것을 비서는 알고 있었다. 비서는 박지호 사장님을 반갑게 맞이한 후 사무실에서 멀리 떨어진 회의실로 모신 후 쪽지로 사장님께 박사장님께서 내방하셔서 기다리고 계시다는 말씀을 전해 드렸다. 이준혁 사장이 돌아 가신 후 사장님께서는 박사장님 접견을 하셨고 박사장님이 돌아 가신 후 비서를 크게 칭찬하셨다. "박지호 사장이 내가 이준혁 사장 만나는 걸 알면 내 입장이 좀 곤란할 뻔 했는데 김비서가 센스있게 행동해서 내 입장이 난처해지지 않았다"라고 말씀하시며 웃으셨다.

사례 2 외국인에게 유자차를 드려 칭찬을 들었어요.

여행사 비서인 J씨는 외국인이 오실 때마다 각국에서 선호하는 차를 검색하여 차응대를 한다. 하루는 중국인이 오신다길래 검색해 보았더니 한국의 유자차를 좋아한다는 정보를 얻고 유자차를 드렸더니 매우 만족해 하셨으며 유자차에 대한 설명까지 해드렸더니 옆에 계시던 상사께서 몹시 흐뭇해 하셨다.

비서 커뮤니케이션 실습

일정기획과
관리

01

일정기획과 관리의 중요성

02

일정관리의 프로세스

03

일정표의 종류와 사용매체

04

일정기획시 유의사항

05

일정관리 및 follow up시 유의사항

Chapter

06

일정기획과
관리

효과적인 일정관리 프로세스 · 일일/주간/휴대용 일정표 작성법 · 문서에 의한 일정관리 절차

 학습
목표

상사의 일정은 기업동향!

상사의 일정관리의 중요성을 알고, 기획과 관리에 대한 연습을 시행한다.

01

일정기획과
관리의 중요성

 MISSION

일정관리의 중요성을 알아보자

상사의 일정기획과 관리는 비서 및 사무직에게 매우 중요하다. 특히 팀이나 부서장의 일정 내용은 관련부서의 동향과도 같으며, 따라서 일정관리는 상사와 긴밀한 네트웍이 필요하다. 일정기획은 먼저 정해진 일정을 일정표(캘린더)에 기입하는 것으로부터 시작된다.

02

일정관리의
프로세스

MISSION

일정관리의 프로세스를 익히자

- 공문이나 팩스, 전화를 통해 일정이 잡혀진다.
- 날짜별로 기존에 적힌 일정과 비교한다.
- 결재를 올린후, 새로운 일정이 확정된다.
- 확정된 새로운 일정을 기존의 일정표에 삽입한다.(일정 updating)
- 이때, 월간 / 주간 / 일일 일정표에 나란히 동일하게 기입한다.
- 해당부서에도 이와 같은 일정을 알려주고 필요한 자료나 데이터를 요청한다.
- 상사에게 새로운 일정표를 드린다.
- 새로운 일정이 확정된 곳에 참석여부를 알리고 그에 따른 준비를 한다.
- 기사분에게도 연락힌다.
- 이 일정이 무사히 완료될 때까지 변동사항에 대해 사후관리 한다.(follow-up)
- 최근 상사의 일정을 스마트폰에 기록하는 경우가 많으므로 비서와 연동된 앱을 활용하기도 한다.

01 다음과 같은 초청장이 왔을 때, 일정관리 측면에서 비서의 할 일을 순서대로 써 보자.

김철수 사장님

　경제 환경의 침체에도 불구하고 날로 발전을 거듭하고 계심을 매우 기쁘게 생각합니다. 아울러 변함없이 보여주시는 성원에 깊은 감사를 표합니다.

　오는 9월 26일, 저희 인하물산에서 제13차 주주총회를 개최하게 되었습니다. 이번 총회에 꼭 참석하셔서 발전적인 의견을 주시길 바라고, 변함없는 후원 부탁드립니다.

-- 다　　음 --

◎ 총회일시

· 일　시 : ○○○○년 9월 26일(수)

· 시　간 : 오후 7시

· 장　소 : 인하물산 13층 대회의실 203호

○○○○년 8월 10일
인하물산 사장
정 성 훈 올림

추신) 총회에 참가하실 때, 장기발전계획안을 꼭 지참하시기 바랍니다.

　RSVP : 담당자 허윤정 ○○○-○○○○-○○○○

---

1) _____

2) _____

3) _____

4) _____

5) _____

6) _____

7) _____

8) _____

9) _____

02 다음과 같이 아시아지역 영상회의 개최 건에 대한 팩스가 왔을 때, 일정관리 측면에서 비서의 할 일을 순서대로 써보자.

INHA CORP. ASIA

To   : S.J. Jang, VP, Seoul

　　　　 H.J. Kim, CFO, Seoul

　　　　 K.D. Han, CIO, Seoul

From   : David Johnson, Asia Representative, Hong Kong

Date   : April 4, ○○○○

Subject : Teleconference Meeting/ New Accounting Procedure

We would like to have teleconference meeting about ○○○○ New Accounting Procedure on May 13, ○○○○ at 10 a.m.(at Hong Kong Time).
Please inform us to confirm that time.

Sincerely,

---

1) _____

2) _____

3) _____

4) _____

5) _____

6) _____

7) _____

8) _____

9) _____

03

일정표의 종류 와 사용매체

MISSION 일정표의 종류를 알아보고 만들어 보자

- 연간일정표, 분기별 일정표
- 월간일정표 : 전 월말에 작성
- 주간일정표 : 전 주말에 작성
- 일일일정표 : 전 일 오후에 작성 → 상사확인 → 다음 날 아침에 올림
- 매체 : 비서가 작성한 일정표, 탁상용 캘린더, 아웃룩을 이용한 일정표

04

일정기획시 유 의사항

- 과다한 일정은 피할 것.
- 일정기획시 반드시 상사의 기호를 확인할 것.
  (예 이른 아침을 기피하는 형, 점심 직후를 기피하는 형, 금요일은 기피하는 형)
- 이른 오전 및 늦은 오후는 피할 것
- 출장 전 또는 출장 직후는 피할 것
- 일정과 일정사이에 간격을 둘 것.(loss time고려)
- 되도록 한곳에 기입할 것
- 변동사항에 유의할 것
- 외부에서 일정을 요청할 때 주의하여, 필요한 경우는 대략의 일정만 알려 준다.
- 대 정부 관련 일정은 우선시 하며 더욱 주의를 요한다.
- 일정이 끝나야 비로서 일정관리가 완전히 끝!

05

일정관리 및
follow up시
유의사항

• 새로운 일정에 대한 회신 보내기 전 반드시 필요한 정보의 수집할 것
• 상사의 의사결정 확인 후 회신할 것
• 정기적인 회의 및 일정은 늘 기본으로 확인할 것(예 월 오전-임원회의 등)
• 출장 전 또는 출장 직후는 피할 것

03 오늘 첫 출근한 삼흥전자 이진아씨는 부서장인 최철한 팀장님의 일정표를 만들어 드리려고 한다. 이때 어떤 일정표들을 만들 수 있는 지 생각해보고, 또한 어떤 매체를 이용할 지, 상사와 일정협의는 언제할 지 아래의 칸에 작성해 보자.

1) 일정표 종류

2) 각종 일정표의 형식

3) 일정표 이용 매체

4) 상사와 일정 협의 시점

5) 기타 고려할 점

✍ 일일 일정표 (예 1)

정선미 사장님 일일 일정표

Date : _____．_____．_____

가나주식회사　　　　　　　서울시 중구 세종로 100
Tel : 02) 870-XXXX
Fax : 02) 870-XXXX

🌼 오전 일정

06:00~07:00
07:00~08:00
08:00~09:00
09:00~10:00
10:00~11:00
11:00~12:00

🌼 오후 일정

12:00~01:00
01:00~02:00
02:00~03:00
03:00~04:00
04:00~05:00
05:00~06:00
06:00~07:00
07:00~08:00
08:00~09:00
09:00~10:00
10:00~11:00

일정은 오전 6시정도부터
시작할 것

MEMO ··

작성자 : 김희아(내선1234)

✍ 일일 일정표 (예 2)

일일 일정표

○○○○년 11월 25일 월요일

시 간	내 용	비 고
06:00 ~ 07:00		
07:00 ~ 08:00		
08:00 ~ 09:00		
09:00 ~ 10:00		
10:00 ~ 11:00		
11:00 ~ 12:00		
12:00 ~ 13:00		
13:00 ~ 14:00		
14:00 ~ 15:00		
15:00 ~ 16:00		
16:00 ~ 17:00		
17:00 ~ 18:00		
18:00 ~ 19:00		
19:00 ~ 20:00		
20:00 ~ 21:00		
21:00 ~ 22:00		
22:00 ~ 23:00		

오전 / 오후

MEMO ··

작성자 : 김은미

일일 일정표 ((예 3)

김윤규 교수님 일정표

○○○○년 11월 4일 월요일

시 간	내 용	비 고
09:00~10:00		
10:00~11:00		
11:00~12:00	비서실무실습Ⅱ(1-203,2-A) 10:50~12:35	
12:00~13:00		
13:00~14:00		
14:00~15:00	비서실무실습Ⅱ(1-203,2-B) 13:05~14:50	
15:00~16:00		
16:00~17:00	과 교수 회의 (장소 : 1-203, 일시 : 4시30부터)	준비 : 작품전 자료
17:00~18:00	과 교수님들과 회식 (장소 : 태원, 일시 : 5시부터)	태원 : 782-5678 담당 : 김준기지배인
18:00~19:00		
19:00~20:00		
20:00~21:00		
21:00~22:00		
22:00~23:00		

오전

오후

상사의 개인적인 일정이
아니더라도 학교의 주요
일정을 적는다.

MEMO · ·

<학교행사>
· 2시 교무위원회 개최

작성자 : 조세정

04 11월 22일 목요일 저녁, 삼흥전자 이진아씨는 내일 부서장인 최철한 팀장님(전무)의 일정표를 작성하는 중이다. 관련된 일정을 살펴보니 다음과 같은 정보들이 있었다.

정보:

⚙ **오전)**
- 금요 정기 임원회의 (임원실) 오전 10시
- 6시 고교 동창 조찬모임(롯데호텔 크리스탈 홀)
- 12시 임원회의 끝나고 구내식당(13층)

⚙ **오후)**
- 3시 기린전자 홍동표 이사 방문(MOU협약건 - 배석자 기획실장, 영업 팀장)
- 5시 홍보팀 기획안 설명회(외주 영상제작 - 홍일기획 제작1팀)

⚙ **기타)**
- 김철수 회장님 오후 5시 미국 출장에서 귀국
- 회계팀 : 신 회계시스템 설명회(4시-5층 회의실)

이와 같은 정보를 활용하여 다음 장(92페이지)에 제시되어 있는 일정표에 필요한 내용을 직접 삽입해보자.

TIP! 💡

보통 일정표의 메모란에는 상사의 상사 및 조직의 가장 윗분(일반적으로 사장님)의 일정이나, 관련부서 또는 회사의 행사 등을 적어 놓게 된다. 이러한 행동은 상사로 하여금 조직 전반에 대한 상황을 이해할 수 있는 하나의 정보가 될 수 있다.

_____. 일일 일정표

(년 월 일 요일)

⚙ **오늘의 할 일**

순 위	할 일	Check

♧ Memo ♧

⚙ **오전 일정**

시 간	내 용	비 고
06:00~07:00		
07:00~08:00		
08:00~09:00		
09:00~10:00		
10:00~11:00		
11:00~12:00		
12:00~13:00		

⚙ **오후 일정**

시 간	내 용	비 고
13:00~14:00		
14:00~15:00		
15:00~16:00		
16:00~17:00		
17:00~18:00		
18:00~19:00		
19:00~20:00		
20:00~21:00		
21:00~22:00		
22:00~23:00		

작성자 : _____

✎ **주간일정표의 (예 1)**

김철한 사장님 주간 일정표

Date : _____ . . ~ . .

⬧ Memo ⬧

서울시 종로구 청춘로 100
Tel : 02) 900-2352
Fax : 02) 900-2521

Have a good time ~ ♬

요 일 시 간	11.25 (月)	11.26 (火)	11.27 (水)	11.28 (木)	11.29 (金)	11.30 (土)	12.1 (日)
06:00~07:00							
07:00~08:00							
08:00~09:00							
09:00~10:00							
10:00~11:00							
11:00~12:00							
12:00~01:00							
01:00~02:00							
02:00~03:00							
03:00~04:00							
04:00~05:00							
05:00~06:00							
06:00~07:00							
07:00~08:00							
08:00~09:00							
09:00~10:00							
10:00~11:00							

am (06:00~11:00)
pm (05:00~06:00)

작성자 : 송희원(000-123-4567)

✎ 주간일정표의 (예 2)

○○○의 주간 일정표

⚙ 일시 : 11월 8일(월) ~ 14일(일) 11월 둘째주

월요일 (11 / 8)	화요일 (11 / 9)	수요일 (11 / 10)
09:30 조회		
		9:30 조회
11:00 학생회장단 인사	11:00 교무위원회	
		14:00 학과장 회의
	18:30 태양대학교 임청 　　　　총장님과 저녁약속 장소 : 국수사 위치 : 세종문화회관 뒤	

목요일 (11 / 11)	금요일 (11 / 12)	토요일 (11 / 13)
09:00 조회		11:00 태양에너지 학회 건축설계 공모전 개막식 　위치 : 을지로2가 　장소 : 하늘공원(일원증 　권内)
10:30 김용호 이사 내교	10:00 학과장 회의	
17:00 학회 대위원회		**일요일 (11 / 14)**
※(시간미정) 사진촬영	18:00 저녁모임(학회회의) ※(시간미정) 사진촬영	

이주의 주요행사
1. 9일 태양대학교 총장님과 저녁
2. 13일 태양에너지 학회 건축설계 개막
    참가
3. 사진 촬영

MEMO ··

05 11월 13일 금요일 저녁, 삼흥전자 이진아씨는 다음 주 부서장인 최철한 팀장님(전무)의 일정표를 작성하는 중이다. 관련된 일정을 살펴보니 다음과 같은 정보들이 있었다.

정보:

- 월 : 홍보팀·월요회의(10시-홍보팀 회의실),
  12시 롯데 호텔 일식당-거래처 임사장 3시
- 화 : 10시 임원회의(임원회의실),
  저녁 7시 제일고교 동창 모임(조선호텔 일식당)
- 수 : 10시 홍보팀(본사 홍보 동영상 제작회의)회의,
  2시 TFT회의(기획부 회의실)
- 목 : 회사 창립 20주년 기념식 오후 2시 본사 15층 강당,
  홍보팀 신문사 섭외
- 금 : 10시 임원회의, 임원분들 구내 식당 점심, 4시 거래처 방문
- 토 :
- 일 : 미국 뉴욕 출장(오전 10시 대한항공 082)

기타)
사장님 동향 - 우수 경영자상 수상(아시아일보) 아시아일보사, 수요일 15시
제일은행 동춘동 지점 개점식(지점장 양후영(고교동창), 목요일 10시, 화환준비

위 정보를 활용하여 다음 장(96페이지)에 제시되어 있는 주간일정표에 필요한 내용을 직접 삽입해보자.

TIP!

- 보통 일정표는 월간 → 주간 → 일일일정표 순서로 상세히 적는다.
- 특히 일일일정표는 상세히 적어야 함으로 관리하는데 주의를 기울여야 한다.
  따라서 관련부서에게는 상사의 일정을 알려주되, 기타 다른 곳에는 너무 상세한 정보는 주지 않도록 한다.

주간 일정표

○○○의 주간 일정표

날짜 : 년 월 일(월)부터 월 일(일)까지

시 간		월(11/)	화(11/)	수(11/)	목(11/)	금(11/)	토(11/)	일(11/)
오 전	06:00 ~ 07:00							
	07:00 ~ 08:00							
	08:00 ~ 09:00							
	09:00 ~ 10:00							
	10:00 ~ 11:00							
	11:00 ~ 12:00							
	12:00 ~ 13:00							
	13:00 ~ 14:00							
	14:00 ~ 15:00							
	15:00 ~ 16:00							
오 후	16:00 ~ 17:00							
	17:00 ~ 18:00							
	18:00 ~ 19:00							
	19:00 ~ 20:00							
	20:00 ~ 21:00							
	21:00 ~ 22:00							
	22:00 ~ 23:00							

MEMO ··

작성자 : _____

06 다음의 종합사례 편을 읽고, 오늘(월요일) 업무를 실습해 보자.

> ⚙️ **실습**
>
> 학생 제출물: 1) 주말 뉴스 동향(보고서 형태)
> 　　　　　　2) 주간 일정표
> 　　　　　　3) 일일 일정표

종합사례 1_월요일 업무

> ❶ 오늘은 월요일! 나는 상사에게 서비스 차원으로 매주 월요일 마다 주말 동향 뉴스를 뽑아서 정리를 해 드리고 있다. 지난 주말 동안(금요일 저녁부터 일요일 저녁까지) 주요뉴스자료를 분류하여 상사가 보기 좋으시도록 만들어 보자.
> ❷ 이번 주 주간 일정표와 오늘 일정을 만들어 드려야 한다.

1) 정보
- 상사는 정보대학교 비서과 전순철교수님으로 주로 경제관련 기사 및 해외뉴스에 관심이 많으시고, 스포츠는 야구와 골프에 관심이 많으시다.

2) 상사의 일정정보
- 월 : 학과회의 10시 학과장실 / 화 : 인사위원회 4시 1호관 회의실 / 수 : 비서협회 회의 7시 조은전자 회의실 / 토 : 비서학회 상임이사 회의 10시 이화여대 / 일 : 부산출장 7시 KE072

3) 기타
- 총장님의 주간 일정 및 교내일정을 주간일정표에 만들어 보자.
- 총장님은 수-금 중국출장을 가시며, 목요일은 개교기념일
- ※ 상사를 교수님으로 설정하여 실제 일정을 주어서 작성하도록 한다.

 잠깐, 이런 경우도 있어요!

 비서 이야기 05

아래의 성공 사례를 읽고 성공 이유를 생각해봅시다.

사례1 보스와 일정 공유시 똑같은 일정표를 두 개 출력하여 하나는 제가 가지고 있고 다른 하나는 보스 책상에 둡니다. 저를 통해 들어온 일정은 제가 작성하고, 보스를 통해 추가되는 일정은 직접 작성하시는데, 자리를 비우실 때 수시로 확인하여 추가된 내용을 업데이트하여 다시 올려드립니다. 또 퇴근 전 일일일정을 부서원에게 메일로 송부하는데 이때는 보안을 위해 업무 유관정도에 따라 간단하게 또는 구체적으로 2가지 타입으로 구분하여 송부합니다.

사례2 보고 일정을 잡을 때 보스의 컨디션에 따라 조정하는 편입니다. 특히 안좋은 내용의 자료로 보고 올 경우, 상사의 컨디션 또한 좋지 않다면 보고자와 보고받는 자 모두에게 부정적인 영향이 배가될 수 있기 때문에 적절히 조정하여 데미지를 줄이는 지혜가 필요한 것 같습니다.

비서 커뮤니케이션 실습

Chapter 07

회의기획과
관리

01

회의의 중요성과 기능

02

회의의 종류

03

회의의 형식별 분류

04

상사가 회의에 참석 할 때 업무프로세스

05

상사가 회의를 주관할 때 업무프로세스

06

회의 운영 절차

07

회의 관련 비서의 업무

회의관리 프로세스 · 회의 전/중/후의 업무관리 · 회의록 작성법

학습목표 | 회의 준비와 진행, 종료 후 등 회의 전 과정의 업무 프로세스를 숙지하여 연습하여 본다.

01

회의의 중요성 과 기능

MISSION 회의의 중요성을 알아보자

회의는 경영 관리의 합리화 및 능률화를 위한 중요한 수단!
(문제해결 기능, 자문기능, 의사소통 기능 및 교육·훈련 기능)

상사는 1) 외부회의에 참석하는 경우와

2) 직접 주관을 하여 내부 및 외부 회의를 개최하는 경우로 나눌 수 있다.

특히 상사께서 주관하시여 회의를 개최하시는 경우에 비서는 회의 준비부터 진행, 종료 후의 일까지 모두 체계적으로 관리 하여야 한다. 그러므로 비서에게 있어 회의를 기획하고 관리하는 하는 일은 아주 중요한 일 중의 하나라고 할 수 있다.

02

회의의 종류

MISSION 회의의 종류를 알아보자

비서가 알아두어야 할 회의의 종류는 다음과 같은 것들이 있다.

- 주주총회 : 주식회사의 주주로 구성되어, 회사의 중요 사항을 심의하고 결정하는 회의
- 이사회 : 이사들로 구성되어 열리는 회의
- 중역회의, 간부회의
- 위원회
- 부문별 회의
- 경영협의회
- 사외의 각종 회의

03

회의의 형식별 분류

MISSION

회의의 형식별 분류에 대해 알아보자

• 원탁회의(free talking)

형식에 구애받지 않고 문제를 제기하고 자유롭게 이야기 하는 방식

• 공개토론(panel, symposium, forum)

▶ panel : 토의주제를 놓고 5~8명 정도의 대표자가 청중 앞에서 사회자의 진행으로 상호 토의를 한 후 청중으로부터 질문을 받아 답을 제시하는 형식 좀 더 풍부한 지식을 쌓으려는 경우에 적합

▶ symposium : 보통 3~5명의 전문가가 특정 의제에 대하여 개별적으로 의견을 발표하고 청중이나 사회자로부터 질문을 받아 답변하는 형식이다. 상호 토의가 없는 것이 패널과의 차이점으로 다양한 의견이 필요할 때 적합

▶ forum : 패널과 심포지움의 혼합 형태로 발표자들이 개별적으로 자신의 의견을 발표한 후 발표자들 간에 상호토의를 거친 후 청중으로부터 질문은 받는 형식

• 집단토론(buzz session)

다수의 인원을 소그룹으로 나누어 정해진 짧은 시간에 토의된 내용을 그룹 대표가 전체 앞에서 발표하여 의견을 통합해 나가는 형식

• 의회형 토론(parliament assembly)

의사록에 상정된 안건에 대하여 찬/반 결정을 위한 회의 형식

• 아이디어 수집회의(brain storming)

토의 참가자 전원이 자유롭게 정보나 의견을 내고 사회자는 제기된 아이디어를 전원이 볼 수 있도록 적어 가면서 진행하는 회의 형식이다. 문제해결을 하고자 할 때, 새로운 아이디어를 얻고자 할 때 이용

TIP!

회의 목적이나 규모, 격식은 모두 비슷하다. 하지만, 어느 것이든
*비서의 세심한 계획*이 있어야 효율적으로 진행된다는 점을 명심하자!

04

상사가 회의에 참석 할 때 업무프로세스

MISSION 상사가 회의에 참석하실 경우 업무 프로세스에 대해 알아보자

상사는
- 회의에 참석하는 경우
- 회의를 주관하시는 경우
(내부회의 또는 외부회의)

- 공문, 전화연락으로부터 회의 일정을 통보받는다.

  공문의 경우 → 회의의 목적, 일시, 장소 등을 형광펜으로 표시하여 드림

  전화의 경우 → 날짜 및 시간 장소 등을 실수 없이 잘 메모해 두도록 한다.

- 일정표를 보며 회의 당일 날의 스케줄을 확인한다.

- 상사에게 보고하여 참석여부를 결정받는다.

- 스케줄을 다시 한번 확인하여 기입하도록 한다.

- 출결여부를 회의 주최 측에 연락하도록 한다.(RSVP)

- 회의에 필요한 자료를 준비한다.

- 일시 및 장소를 확인하고 배차 준비(또는 교통수단 확보)를 하도록 한다.

- 기사에게 연락하고 약도 및 주소를 알려주어 장소를 확인하게 한다.

- 회의 당일 오전에 상사에게 회의 일정에 대해 다시 한번 알려드린다.

  (reminding)

01 다음과 같은 공문이 상사의 이메일로 왔을 때, 상사가 사내 회의에 참석하실 때, 비서의 할 일을 순서대로 써보자. (나는 홍보팀 강수미 팀장의 비서이다)

작성자	김서윤	작성일	○○○○/03/12
부서	비서실	전화번호	○○-555-4204

메일전송	강수미; 고지운; 석유경; 정혜승; 조소현; 민병철

제목	회사 홈페이지 개선사업 TFT회의 안내 (○○○○/03/14)

[회사홈페이지 개선사업] TFT회의를 아래와 같이 안내하오니 참석하여 주시기 바랍니다.

1. 일시 : ○○○○년 3월 14일(수) 오전 11시
2. 장소 : 임원 회의실A
3. 참석대상 : TFT인원
4. 회의 내용
1) 사업수행계획 공유 및 사장님 보고
2) 부서 / 임원 인터뷰 계획 및 설문조사 항목 검토. 끝.

비 서 실 장

1) _____

2) _____

3) _____

4) _____

5) _____

6) _____

7) _____

8) _____

05

상사가 회의를 주관할 때 업무 프로세스

상사가 회의를 주관하실 경우 업무 프로세스에 대해 알아보자

정보의 수집

언제(일시), 어디서(장소), 누가(주최), 회의시간(얼마나), 필요장비(빔 프로젝터, 노트북, 마이크 등 체크)등을 중점으로 정보를 수집하여 회의를 준비하도록 한다.

✍ 사내에서 회의 개최 시

- 상사로부터 관련 정보를 청취하고 꼼꼼히 메모한다.
- 예약이 필요한 사항을 메모하여 빠짐없이 예약한다.
  (장소 / 기자재 / 초청인사, 참석자)
- 이때 총무부 및 관련부서와의 협의가 필요하다.
- 음료 및 다과를 미리 준비한다.
- agenda / 자료 준비하고 배부한다.
- 확실해 지면 회의를 공지한다.(공문서로)
- 참석여부를 확인(RSVP)하며, 기타 필요 조치를 취한다.

TIP!

프랑스어 répondez s'il vous plaît(please reply)를 줄인 말로서 초대장에서 '회답 주시기 바랍니다'는 뜻이다. 회의를 주최할 때는 반드시 참석자의 참석여부를 확인해야 하며 참가 시에도 주최 측에 알려야 한다.

🖊 외부에서 회의 개최 시

> 외부에서 회의 개최를 할 때는 외부회의장소의 책임자와 긴밀한 협조가 필요하며 아래의
> 순서를 check list로 만들어 사용해도 좋다.

회의 개최 전

- 상사로부터 관련 정보를 청취하고 꼼꼼히 메모한다. (이때 총무부 및 관련부서와의 협의 및 협조 필요)
- 강사가 있는 경우 강사의 일정, 내용을 상의 후 상사와 일정을 정한다.
- 참석대상자 및 규모를 확인한다.
- 예비 회의 장소를 조사하여 상사 보고 후 확정되면, 예약한다. (회의장소의 책임자와 수시로 연락)
- 강사에게 날짜, 일정 장소를 전화로 재확인 후 정식문서로 요청한다.
- 참석자 명단을 작성한 후, 회의참석공문을 상사와 의논하여 작성한다. (공문서 또는 초청장)
- 초청장은 인쇄하고, 회의 통지문인 경우는 공문서, 팩스, 이메일로 발송한다.
- 참석여부 확인 후 참석자 명부 및 명찰, 좌석배치표 준비하거나, 회의장에 통보한다.
- 회의 운영에 필요한 업무내용을 기술하고, 담당자를 선정 및 업무분장표를 작성한다.
- 아젠다(agenda) 및 회의 자료 준비한다.
- 강사료 및 강사 안내를 위한 준비를 한다.
- 회의 개최 당일 전까지 각종 필요 조치(기자재 점검 및 안내)를 취한다.

회의에 필요한 비품과 소모품에 대한 check list를 활용하자!

❗ 회의비품과 소모품 check list

• 마이크 ☑	• 카메라 ☐	• 회의안내 포스터 ☐
• 녹음기 ☑	• 노트북 ☑	• 안내판 ☑
• 빔프로젝터 ☑	• 방명록과 붓펜 ☐	• 주차권 ☐
• 컴퓨터 ☑	• 접수대 ☑	• 필기구 및 메모지 ☐
• 스크린 ☑	• 명찰 및 명패 ☑	• 회의자료 ☐

02 김민수교수님께서는 한국사무학회 회장직을 맡고 계시다. 오는 ○○○○년 2월에 한국비서학회는 제 31회 학술발표회 및 정기총회를 개최 하고자 하여 다음 페이지와 같은 팜플렛을 제작하여 회원 분들께 우편으로 보내 드렸다. 교수님의 비서인 나는 전체적인 프로그램의 준비를 위하여 어떠한 일들을 해야 할지 순서대로 생각하여 적어보자.

1) _____

2) _____

3) _____

4) _____

5) _____

6) _____

7) _____

8) _____

9) _____

10) _____

제31회 학술발표회 및 정기총회

(현대 사무학의 재조명 · 인적자원개발(HRD)관점에서)

일시 : ○○○○년 2월 1일 (목) 13:00~19:00
장소 : 대한대학교 하늘관 대회의실

새해를 맞이하여 학회원 여러분의 가정과 직장에 행운이 가득하시기를 기원합니다.

이번 학술대회는 '현대 사무학의 재조명'이라는 주제 하에 HRD관점에서 개인개발, 경력개발, 그리고 조직개발 차원으로 나누어 학문적 가치를 조명해 보는 시간으로 마련했습니다. 신학기를 준비하는 시점에서 졸업식과 입학식 등 여러 가지 일들로 모두를 분주하시겠지만 부디 여러분들께서 많이 참석하시어 서로 배우고 나누는 지적 교류에 동참해 주시면 감사하겠습니다.

○○○○년 2월 한국사무학회장 김민수

03 가나주식회사에서는 신제품 발표 회의를 개최하려고 한다.

일시는 ○○○○년 10월 8일 10시-3시, 장소는 신라호텔 오크룸이다. 회의와 관련된 내용문을 작성해보자.

(✻ 참고: 가나주식회사 대표이사 이소라 / 비서 김하나)

🎯 신제품 발표 회의

· 일시 : ○○○○년 10월 8일
· 시간 : 10시 ~ 3시
· 장소 : 신라호텔 오크룸

가나주식회사

✻RSVP.

04 외부에서 회의를 개최할 때, 약 200명이 모일 수 있는 서울/인천 호텔의 회의장소를 물색해보자. 또한 호텔의 회의 장소/예약을 담당하는 부서는 어디인지 알아보고, 우리가 예약할 때 알려줄 사항이 무엇이 있는지 적어보자.

06
회의 운영 절차

MISSION 회의 운영절차에 대해 알아보자

- 회의 목적 확인
- 참가자 결정
- 의사예정표 작성
- 통지 및 확인작업
- 제반 자료 준비
- 회의 개최

회의장 예약, 도구의 준비,
도구 상태 점검,
자료 작성이 수시로!

07
회의 관련 비서의 업무

- 회의 전 업무
- 회의 중 업무 – 당일(회의 전/중/후)
- 회의 종료 시 처리 업무
- 회의 종료 후 업무
- 회의록 작성 요령

TIP!

배부할 회의 자료는 여유 있게 충분히 준비하도록 한다.
이때 회사의 중요한 사항이 인쇄되어 있는 이면지를 복사지로 사용하지 말고 수정된
용지는 혼돈을 일으키지 않도록 바로 바로 폐기 하여야 한다.
또한 회의 종료 후 사용하신 메모들은 바로 버리지 말고
일정기간 동안 보관해 놓아 만일의 사태에 대비 하도록 한다.

회의 당일 업무

❗ 회의 개시 **전** 업무

- 업무분담표에 의해 각자 맡은 일을 처리하고 있는지 확인

- 회의 시설의 냉난방, 조명, 자료 등 확인

- 회의장내 기자재 및 발표자료 작동여부 확인

- 접수대 / 방명록 비품 배치 및 접수 업무 확인

- 상사와 수시로 현장 상황 보고

- 늦게 오시는 분을 위한 안내자 배치

- 회의가 제때 시작할 수 있는 지 확인

❗ 회의 **중** 업무

- 회의가 시작되면, 비서는 상사와 연락이 쉬운 곳에 대기

- 회의가 원활하게 진행될 수 있도록 살핌

- 상사에게 연락할 필요가 있을 땐, 노크 없이 들어가서 상사에게 메모를 전달

- 경우에 따라 회의내용을 녹음하거나, 회의기록을 담당

❗ 회의 **후** 업무

- 참석자 전송

- 회의 장소 정리 및 회수물품(명패/명찰) 회수 및 전달

- 회의가 종료되면 빠른 시일 내에 회의결과 및 회의록 정리

- 회의 참석자에게 회의록 및 결과물 배포

- 회의 참석자에게 감사장 발송

- 회의 진행에 대한 평가 및 보완점 기록

✍ 회의록 양식 (예 1)

회 의 록	작성	검토	승인

일 시	○○○○년 월 일(요일) : ~ :	장 소	
주최부서		담당자	
참석자	○○○(서명) ○○○(서명) ○○○(서명)		(총○○명)

회의안건

회의내용

합의사항

이견사항

비   고

작성자 :

✎ **회의록 양식 (예 2)**

회 의 록

일 시			장 소	
참석자	○○○(서명)	○○○(서명)	○○○(서명)	총○○명

안 건

토의사항

토의결과

기타사항

	소 속	직 위	서명(인)
작성자			

✍ **회의 평가표 (예)**

평가항목	Self Evaluation	NOTE
회의 안내장은 잘 기입되었는가?		
회의 자료는 적절했는가?		
회의 준비물은 충분했는가?		
접수 업무는 순조로웠는가?		
회의장 관리는 원활했는가?		
차와 다과 접대는 순조로웠는가?		
시청각 기자재 준비는 원활했는가?		
부족하거나 소홀한 면은 무엇이었나?		

TIP! 💡

배부할 회의가 끝난 후에는 반드시 회의 전반 업무 진행 프로세스에 대한 점검을 시행하여야 한다. 시행 후 보완점 및 필요사항을 넣어 check list를 새로 작성하여 다음 회의 업무 진행시 사용하도록 한다!

05 나는 식품관련기업인 (주)맛나니제과에서 사장님 비서로 근무하고 있다. 올해 우리 회사는 창립 50주년을 맞이하여 그동안 우리 회사 과자의 역사를 돌아보고 이를 기념하기 위한 '맛나니 그 50년의 역사'라는 이름의 대규모 전시회 및 앞으로 과자 업계에서 더욱 더 입지를 공고히 다지기 위한 컨퍼런스를 열려고 한다. 전시회 겸 컨퍼런스는 3일 동안 진행되고 컨퍼런스의 주제는 첫째 날은 '한국 과자 포럼', 둘째 날은 '소비자 불만사항과 효과적 처리방안', 셋째 날은 '한국 과자의 세계화'로 하려고 한다. 참가자는 동종업계의 거래처 분들을 모시고 하려고 하며 대략 참석인원은 100명 정도로 예상이 된다. 자, 당신이 이 전시회 및 컨퍼런스를 주관하는 담당자라고 생각하고 다음의 물음에 답하여라.

1) 이 행사를 알리기 위한 공문서를 만들어보자.

2) 전시회 및 컨퍼런스 행사 까지는 약 3개월이 남았다. 참석자들에게 어떤 방법으로 행사개최를 통보해야 좋을지 생각해서 적어보자.

-----

3) 이 행사를 성공적으로 개최하기 위해 준비해야 할 일들을 순서대로 꼼꼼히 적어보자.

잠깐, 이런 경우도 있어요!

아래의 실수 사례는 어떤 이유로 실수가 발생했는지 그 이유에 대해 생각해봅시다.

사례 오늘은 주주총회날이다. 어제까지 주주총회 준비로 약 한달 간의 야근을 끝내고 오늘 아침에 회의장소에 방명록과 자료를 다 챙겨놓고, 회의 시작 후 잠시 내 자리로 돌아와 밀린 문서정리와 파일링을 하였다. 주주총회가 시작한지 한 시간쯤 지났는데 어떤 신사분이 오셔서 회의장소를 물어 보셨다. 그 신사분을 모시고 주주총회장소로 갔더니 "회의장소 팻말이 잘 안보여서 10분 이상 헤맸네요"하시면서 웃으셨다. 회의 장소에 모시고 가니, 사장님이 '김비서 어디 있었어?'하고 화를 내셨다. 나중에 알고보니 2분은 우리 회사의 중요한 주주셨고 2분이 안오셔서 계속 사장님께서는 전화를 하고 계셨다고 한다. 나는 무안해서 어쩔 줄 몰랐다.

Chapter 08

출장기획과 관리
(국내출장 / 해외출장)

01

출장준비 프로세스

02

출장 전 해야 할 일들

03

출장 중 해야 할 일들

04

출장 후 해야 할 일들

05

해외 출장 시 준비사항

출장기획과 관리
(국내출장 / 해외출장)

출장관리 프로세스 · 출장 전/중/후의 업무관리 ·
출장계획서/일정표/정산서 작성법

 학습
목표

상사의 출장관리에 관한 내용을 이해하고 출장기획 준비부터 경비 정산까지 전 과정을 연습하여
본다.

01

출장준비 프로세스

MISSION 출장 준비의 프로세스에대해 알아보자

- 출장여부가 결정된다.

- 출장 준비 파일을 만든다.

- 주관부서에 출장 일정을 통보하고 필요한 자료를 요청한다.

- 대략적인 출장 일정 계획을 수립한다.

- 상사와 충분한 면담 후 일정을 확정한다.

- 항공권을 예약한다.

- 항공 스케줄을 상사께 보고한 후 확정한다.

- 숙박시설을 예약한다.

- 여행일정표(itinerary)를 작성한다.

- 여권 및 비자 만기일을 확인한다.

- 예약사항 및 티켓을 확인한다.

- 출장지에서 열리게 되는 회의 정보를 파악하고 자료를 만든다.

- 출장지에서 만나게 되는 거래선에 따라 필요한 선물을 준비한다.

- 경비를 가불한 후, 목적지에 맞는 통화로 환전한다.

- 최종 출장자료를 체크하고 모든 사항은 최종 점검한다.

- 출국준비를 한다.(영문명함, 해당국가의 기업 전화번호 및 주소록)

TIP!

> - 환전을 할 때에는 고액권과 소액권을 모두 준비 하도록 하자.
> - 팁 문화가 있는 나라들이 많이 있기 때문에 팁을 내야 할 때를 대비하여 고액권 및 소액권까지 준비하는 센스를 보이도록 하자.
> - 또한 출장지에서 발생하는 영수증을 보관할 작은 파우치나 작은 상자를 준비해 드리는 것도 상사를 위한 작은 배려가 될 것이다.

✍ 출장일정표 (예 1)

기 간 : ○○○○년 11월 16일(금) ~ 17(토)
참 석 자 : 전국 전문대학 비서과 학과장

비고란은 여러 가지 추가 내용을 기재할 수 있으므로 매우 유용함

날짜	일시	장소	일정	비고
11.16. (금)	오전 8:00	서울 교수님 댁	대전역으로 출발	교수님 개인 차량으로 이동
	오전 8:40	서울역	서울역 도착	
	오전 9:00	서울역 플렛폼	열차 (KTX 탑승)	KTX101호 특실5-24 소요시간 : 1시간
	오전 10:37	대전역 도착	호텔로 출발	택시 이용
	오전 11:00	리베라호텔	호텔 Check-in	※ 디럭스트윈(₩169,000)예약 프론트에서 객실 배정. TEL : 042)○○○-○○○○ FAX : 042)○○○-○○○○ 담당자 : 김미영
	오전 12:00	양식당-본난자	대성대학교 비서과 유근천교수님과 점심약속 (H) 011-○○○-○○○○ (O) 042-○○○-○○○○	※ A라인-당일안내 (예약됨) 담당자 : 이수현 TEL : 042)422-○○○○ (구내 : 0814) 메뉴 : Full Couse (B코스) 안심스테이크
	오후 2:00	비즈니스 센터 1층 대회의실	1차 회의	주제 : 비서과 실습강화 방안 (PART 1)
	오후 8:00	저녁식사	호텔내	식사 : 룸으로 Dinner 서비스 제공. (객실요금외 별도)
11.17. (토)	오전 8:00	숙소	기상 및 아침식사	식사 : 룸으로 Morning 서비스 제공.
	오전 9:00	숙소	회의 준비	첨부자료 NO. 1
	오전 9:40	숙소	호텔 Check-out	※ 가방은 프론트의 보관함 이용.
	오전 10:00	비즈니스 센터 1층 대회의실	2차 회의	주제 : 비서과 실습강화 방안 (PART 2)
	오전 12:00	미가일식	가나대 비서과 양희석교수님과 점심약속 (H) 011-○○○-○○○○ (O) 042-○○○-○○○○	※ 당일안내 (예약됨) 호텔근처의 아드리아H 과 홍인H 사이의 맞은편 사거리 코너 TEL : 042) ○○○-○○○○ 당당자 : 김남현
	오후 1:40	숙소	대전역 출발	택시 이용
	오후 2:40	대전역 플렛폼	열차 (KTX) 탑승	KTX 102호 특실 3-17 소요시간 : 1시간

01 상사는 4월 셋째 주 월요일부터 수요일까지 미국 LA에서 열리는 본사 회의에 참석 하실 예정이다. 상사는 평소에 대한항공을 선호 하시는 편이라서, 일단 대한항공 홈페이지에 들어가 예약을 넣어 보았더니 다음과 같은 페이지가 나왔다.

▶ **출국일정 예약** | Seoul → Los Angeles

편명	출도착지	일자 및 시간	잔여좌석(클래스)	기종	비행시간/거리	선택
✈ KE 017 (대한항공)	Seoul (Seoul/Incheon) Los Angeles	4/14(토) 15:15 10:25	9석 (일반석·E) e-티켓	AIRBUS 380	11시간 10분 5,968 Mile	◉

▶ **귀국일정 예약** | Los Angeles → Seoul

편명	출도착지	일자 및 시간	잔여좌석(클래스)	기종	비행시간/거리	선택
✈ KE 018 (대한항공)	Los Angeles Seoul (Seoul/Incheon)	4/19(목) 12:45 4/20(금) 17:50	9석 (일반석·E) e-티켓	AIRBUS 380	13시간 5분 5,968 Mile	◉

1) 상사에게 이렇게 예약을 확정해도 괜찮겠냐고 여쭈었더니 오랜 시간을 탑승하는 건데 일반석은 좀 그러시다고 꺼려하시는 기색을 보이셨다. 이럴 때 비서인 나는 어떻게 해야 할까?

_____

2) 상사께서는 스케줄 표를 보시더니, "이번엔 다른 항공사도 좀 알아봐줘요 비교 좀 해보게"라고 말씀하셨다. 이때 비서인 나는 어떻게 해야 할지 실제 다른 항공사 홈페이지에 들어가서 Flight Schedule을 조사해 보도록 하자.

_____

_____

3) 위의 예약된 사항을 보면 미국에 도착하실 때는 14일날 떠나셔서 같은 날인 14일에 도착하시고 한국에 돌아오실 때는 미국에서 19일(목요일)에 출발하시는데 한국 도착은 20일(금요일)로 되어 있다. 평소에 해외여행을 가본 적이 없고 비서가 된지 얼마 안 된 나는 이점이 참 의아했다. 왜 그런지 생각해보고 답을 적어 보자.

_____

_____

_____

02 상사는 3월 마지막 주 월요일부터 목요일까지 미국 시카고로 출장 일정이 잡혀 있다. 비행기표는 예약 완료된 상황이고 이제 호텔을 예약하려고 한다. 상사는 지난번에도 Chicago Downtown에 있는 Hilton Hotel 에 묵으셨는데 그 때 출장을 다녀오신 후 호텔이 좋았다고 하시며 만족해 하셨다. 이번에도 비서는 같은 호텔에 예약을 하려고 한다. 이때 비서가 할 일을 순서대로 생각해보자.

1) 비서는 이 호텔 홈페이지에서 직접 예약을 넣는 방법으로 예약을 하려고 한다. 시카고 다운타운에 있는 힐튼호텔의 홈페이지 주소를 어떻게 찾아야 하는지, 찾았다면 그 주소는 무엇인지 적어보자.

----

2) 호텔 홈페이지에서 직접 예약을 넣는 방법 이외에 비서가 호텔을 예약할 수 있는 방법에는 무엇이 있을지 생각해보자.

----

3) 상사를 위해 호텔을 예약할 때 고려해야 할 사항들이 무엇이 있을지 생각해보자.

----

03 다음 flight e-ticket을 보고 질문에 답하여라.

Your Itinerary

British Airways booking reference: **4CM5GF**

| Passenger(s) | MRS MI KYUNG KIM |
| | MSTR HYUN JUN KWON |

Flight number	JL0009
From	O'Hare International (IL) (Chicago) Terminal 3
To	Narita (Tokyo)
Depart	13 Feb○○○○10:15
Arrive	14 Feb○○○○14:30
Cabin	Economy
Operated by	Japan Airlines
Booking status	Confirmed

Flight number	JL0959
From	Narita (Tokyo) Terminal 2
To	Incheon International (Seoul)
Depart	14 Feb○○○○18:40
Arrive	14 Feb○○○○21:30
Cabin	Economy
Operated by	Japan Airlines
Booking status	Confirmed

1) 비행기에 탑승하는 탑승객은 총 몇 명인가?

2) 어디에서 출발하여 어디로 향하는 비행 일정인가? (출발지, 경유지, 도착지를 찾아서 보자)

3) 비행기 편명은 JL로 시작하는 걸 알 수 있다. JL은 어떤 항공사 인지 알아보자.

4) 위 탑승자들이 선택한 좌석등급은 어떤 등급인지 어딜 보면 알 수 있나?

04 다음 Hotel Reservation 사항을 보고 물음에 답하여라.

---

priceline.com®

Flights | Hotels | Cars | Packages | Cruises | Tours & Attractions | PriceBreakers
Sign-in | My Profile | My Trips | Check your request | ? Help

Thank you for booking your hotel with priceline. As a courtesy below is a copy of the hotel itinerary/receipt you recently reviewed on-line at priceline.

Itinerary/receipt   Request Number: 632-046-661-01

If you are in need of any special arrangements (i.e. bed types, handicap accessibility etc.) to your accommodation, please contact the hotel property directly at the phone number listed below.

▶ add a flight to your trip   ▶ add a rental car to your trip   ▶ add attractions to your trip

hotel details

Towneplace Suites Saint Charles 1800 Zumbehl Road Saint Charles, MO 63303 636-949-6800	Check-In: Saturday, August 1, 0000-03:00 PM Check-Out: Sunday, August 2, 0000-12:00 PM Room 1: Mikyung Kim Confirmation # 80747434

summary of charges

Room Cost (avg. per room, per night):	$34.00 (USD)
Number of Rooms:	1
Number of Nights:	1
Room Subtotal:	$34.00 (USD)
Taxes and Fees:	$12.50 (USD)
Total Room Cost:	**$46.50 (USD)**

---

1) 이 호텔에서 숙박을 하게 되는 이는 누구인가?

2) 호텔의 주소를 찾아서 써보자.

3) 호텔의 유료 서비스를 추가적으로 사용하지 않으셨다고 할 경우 내야 하는 돈은 얼마 인가?

02

출장 전 해야 할 일들

MISSION

출장 전에 해야 할 일에 대해 알아보자

출장 전 비서가 해야 할 일!

• 출장 계획안을 작성 한다. (회사의 양식사용 또는 비서 스스로 만들어 사용할 수 있다.)

• 출장 경비를 대략적으로 따져보고 예산을 세우도록 한다.

• 출장 일정에 따라 비행기 티켓, 호텔, 필요시 렌터카 등을 예약한다.

• 예약한 사항들과 출장 계획안에 따라 출장 일정표를 만들도록 한다.

• 출장지에서 필요한 자료를 준비하도록 한다. (회의 자료 및 발표 자료 등)

05 (주)심영은 부동산 개발회사이다. 이 회사는 최근 인수 합병을 통해 대전에 있는 회사를 인수하였고 현재 부산에 있는 회사까지 인수합병을 하려고 마무리 단계에 있다. (주)심영의 회장님은 다음 달 둘째 주 정도에 대전에 있는 회사를 시찰하시고 부산으로 가셔서 관계자들과 최종 회의를 가지려고 하신다. 그리고는 제주도로 가셔서 기업 경영인 세미나에 참석 하시려고 하실 때 비서인 나는 어떻게 출장 일정표를 만들어야 할까? (제주도에서 열리는 기업경영인 세미나는 4월 둘째주 금요일부터 토요일 오후 1시 까지 진행된다. 다양한 교통수단 (승용차, KTX, 비행기 등)을 사용하시는 것으로 출장 일정표를 만들어 보자. 물론 숙박업소도 포함되어야 한다.)

03

출장 중 해야 할 일들

출장 중에 해야 할 일들에 대해 알아보자

상사가 출장을 가시게 되면 비서의 마음가짐이 풀어지기 쉽다. 하지만, 상사가 자리를 비우셨을 때, 더욱 모범이 되도록 행동함으로써 상사에게 깊은 신뢰감을 주는 비서가 되어야 한다. 상사가 출장을 가게 되더라도 비서의 업무는 계속 되며, 출장지에 있는 상사와 자주 연락을 취함으로써 회사 내에서 상사가 계시는 것처럼 업무를 수행해야 한다.

상사의 출장 중에 비서가 해야 할 일!

• 밀린 서류 업무와 우편물 정리
• 전화 메모와 내방객 기록 보고사항 정리
• 보고사항 정리 :
  중요한 안건은 출장지의 상사에게 보고하고 지시를 받도록 한다. 상사와 일정한 시각을 정해놓고 통화하거나 email을 이용하면 편리하게 업무보고와 지시를 받을 수 있다. 또한 상사의 출장중 중요서류나 업무, 전화, 방문에 대한 요약보고서를 작성한다.
• 상사 출장 이후의 대략적인 일정 작성

🌷 06 미국으로 출장가신 상사와 연락할 수 있는 방법에 대해 생각해 봅시다.(상사는 현지에서 사용 가능한 스마트폰을 갖고 계시고 비서인 나도 스마트폰 사용자이다)

04

출장 후 해야 할 일들

 MISSION 출장 후에 해야 할 일들에 대해 알아보자

출장을 다녀오신 상사는 피로가 누적되어, 상당히 피곤해 하실 가능성이 크다. 특히 해외 장기 출장을 다녀오신 경우에는 시차 적응의 문제 및 장기간 피로도 누적 등을 고려하여 아주 긴급한 사항이 있지 않는 이상 출장 당일이나, 직후는 피하여 일정을 기획하자.

상사의 출장 후에 비서가 해야 할 일!

• 밀린 업무 보고 및 결재
• 출장 경비 정산 및 보고서 작성(출장지에서 사용하신 금액을 영수증과 함께 경비 보고서를 작성)
• 출장 보고서 작성
• 감사 편지(Thank you letter) 발송
  (출장지에서 도움을 주신 분들에게 너무 늦지 않도록 바로 처리)
• 자료 및 명함 정리(출장지에서 받아 오신 명함을 거래선 관리 프로그램에 입력하고 메모가 적혀져 있는 출장 자료나 회의 자료 등은 바로 버리지 말고 보관해 두었다가 완전히 필요가 없어졌을 때 버리도록)

TIP!

출장 시 비서가 중점을 두어 챙겨야 할 체크 리스트에는
첫째, 사전 정보(출장지의 예상 날씨 및 문화적 배경 그리고 시간이 나실 경우를 대비한 관광 명소 등)
둘째, 출장일정표(itinerary)와 예약사항(confirmation)에 관련된 서류 등이 있다.

05

해외 출장 시
준비사항

해외 출장 시 준비해 드릴 사항들에 대해 알아보자

국내 출장과 달리 해외 출장의 경우에는 비서가 챙겨드려야 할 사항들이 훨씬 많아진다. 특히 출장지가 우리나라와 시차가 많이 나는 나라인 경우에는 한국으로 연락을 취하시는 것에도 어려움이 생기실 것이다. 그러므로 비서는 준비사항을 더욱 더 꼼꼼히 살피고 여러 번 점검한 후, 상사께서 출장지에서도 불편함이 없도록 해야 한다.

비서의 준비 점검사항

- 여권/비자의 만기여부 확인(여권의 유효기간이 6개월 이상 남았는지 수시로 체크)
- 비자의 종류 : 단수 및 복수(단수비자 : 한번 사용하는 비자, 복수비자 : 유효기간 내에는 중복적으로 사용할 수 있는 비자)
- 한국과 비자면제 국가 : 2008년 하반기 이후부터 미국도 비자면제 국가로 지정. 하지만 이 경우에도 관광과 출장의 목적 하에 90일 이내의 단기 체재에 한정되는 것으로, 90일 이상 체류를 목적으로 한다면 목적에 합당한 비자를 발급받아야 함(관광과 출장의 목적 하에 90일 이내 체류 시 비자는 안 받아도 되지만, 전자여행허가신청은 웹사이트를 통해 반드시 받아야함. 웹사이트의 주소는 https://esta.cbp.dhs.gov/esta/)
- 항공권 예약 : 가능하면 선호하시는 항공사 및 좌석의 위치(창가/복도)로 예약. 요즘은 email로 보내지는 e-ticket의 형태로 티켓이 오기 때문에 인쇄하여 드림
- 출장 경비 신청 및 가불 또는 법인카드 준비 : 환전 시에는 고액권과 소액권을 골고루 섞어 환전 하도록 함
- 상사의 법인 및 개인 신용카드가 해외에서 사용 가능한 신용카드 인지 확인
- 호텔을 예약한다.(원하시는 호텔과 호텔룸 방향도 고려할 것)
- 외국에서 차를 렌트하셔서 운전하실 경우에는 국제운전면허증을 발급해 드림
- 우리나라(220v)와 전압이 다른 나라로 출장 하실 경우(미국/일본은 110V) 휴대용 변압기를 준비해 드림
- 선물 준비 : 출장지에서 만날 해외 기업인들에 줄 선물을 준비. 해당국의 문화를 잘 조사하여 선물로 하기에 금기시되는 물건과 전에 했던 선물과 중복되지 않게 준비
- 비상연락 : 재외 공관 주소 및 전화번호, 지인의 연락처, 거래선의 연락처 등을 준비

07 S전자 김현의 상무님은 최근 아프리카 지역을 순회하시는 장기 해외 출장 계획이 있으시다. 비서인 나는 초보 비서로 해외 출장 준비를 처음으로 해 보는 것이라 이것저것 분주히 예약하고 확인 하는 일 때문에 바쁜 나날을 보내고 있다. 출장을 15일 넘겨둔 어느 날, 호텔 예약 사항을 보고 드리기 위하여 김상무님의 방에 들어간 나는 "장비서, 나 근데 예방접종은 안 맞아도 되나?"라고 갑자기 질문을 받고 당황하였다. 나는 무슨 예방접종인지 몰라서 선뜻 답을 못해드리고 "잠시 후 알아보고 보고 드리겠습니다"라는 말만 하고 자리를 빠져나왔다. 아프리카 지역으로 출장을 가시는데 무슨 예방접종을 해야 한다는 것인지 그 지역을 한 번도 여행해 본 적이 없는 나는 알 길이 없었다.

1) 황열병이 무엇인지 인터넷에서 찾아보자.

2) 황열병 예방접종이 필요한 나라는 어떤 나라들이 있을까?

3) 이제 황열병이 무엇이고 아프리카 지역으로 출장가시기 전 필수로 맞으셔야하는 예방접종인지를 안 나는 상사를 위해 어떤 조치들을 취해야 할까? 비서가 해야 할 일들을 순서대로 적어보자.

08 다국적기업인 M사에서 근무하시는 서울지사 최정현 사장은 아래와 같이 중국 베이징에서 열리는 회의에 참석하시기 위해 출장을 가게 되셨다. 호텔은 본사 측에서 예약하기로 하였고 도착하시는 날의 공항으로의 마중도 현지 직원이 직접 나올 계획이다. 아래의 개략적인 회의 일정을 보고 비서인 내가 호텔 준비 외에 준비해야 할 사항들을 정리해 보도록 하자.

---

1. 회의 장소 : 중국 베이징 본사
2. 회의 일시 : ○○○○년 6월 5일(화요일) ~ ○○○○년 6월 7일(목요일)
   · 6월 5일(화요일)
     09시 30분 영업회의 / 12:00 오찬 / 02:30 세미나
   · 6월 6일(수요일)
     09시 30분 경영자 회의 / 12:00 오찬 / 02:30 경영자 교육
   · 6월 7일(목요일)
     07:30 조찬 / 10:00 최종 회의 / 12:00 오찬 겸 미니 세미나

---

1) 실제 항공사 홈페이지에 들어가서 위의 출장을 위한 비행기 티켓을 알아보도록 하자.

_____

_____

2) 출장일정표를 만들어 보자.

_____

3) 나의 상사인 최정현 사장은 6월 5일 오전 9시 30분에 열리는 영업회의에서 중요한 프리젠테이션을 맡으셨다. 비서인 내가 준비해 드려야 할 사항은 무엇인가?

_____

_____

4) 모든 일정을 마치신 6월 7일 목요일 오후에는 베이징 명소를 둘러보고 싶으시다고 말씀 하셨다. 어떤 자료를 만들어 드리면 좋을지 직접 만들어 보도록 하자.

_____

09 다음 페이지의 학회 초청편지(conference invitation letter)를 잘 읽고 물음에 답하고 아래의 제출물을 작성하여 제출해 보자.

• 학회에 초청된 사람은 누구인가?

_____

_____

• 학회가 열리는 때와 장소는 각각 어떻게 되는가?

_____

_____

_____

• 만약 이 초청장을 받은 분의 비서라면 학회에 보내 드리기 위해 어떤 일 처리를 해야 하는지 순서대로 생각해서 기재해 보도록 하자.

_____

_____

_____

_____

_____

실 습
학생 제출물 : 1) 출장계획서 2) 출장일정표 3) 경비예산표

✏ 학회초청편지

January 13, 0000

Min Woo Kwon
InhaTC College
mwkwon@inhatc.ac.kr

Dear Min Woo Kwon:

I am pleased to inform you that your submissions have beem accepted for presentation the international Journmalism Association's 45th Annual Conference. You are invited to attend the conference and present your work. The conference is to be held May 24-28 0000, at the Phoenix Sheraton Downtown Hotel, Phoenix, Arizona.

Registration is now available on the IJA Website http://ija. org. You may also make your hotel and flight arrangement on this same website. You may determine the exact day and time of your presentation. You will also be able to find the listings of all sessions, including all special events and activities.

We look forward to seeing you in Phoenix, Arizona.

Sincerely,

Michael L. Hay

Michael L. Hay, Ph.D.
Executive Director

다음의 종합사례 편을 읽고, 보고서를 작성해 보자.

⚙ 실습

다음의 모든 정보를 포함하는 보고서를 작성하여 제출하시오.
제출 : 보고서(출장 기획안)

종합사례 2_해외출장 준비

상사가 11월 15일부터 29일까지 New York 출장 계획이 잡혔다(일정은 유동적). 비서인 나는 지금부터 출장준비를 해야 한다. 출장계획표(interary)가 확정 전에 모든 정보를 포함하는 보고서를 만들어 보자.

1) 서울에서 뉴욕까지 가는 비행기편은? 예약 가능한가?
  • 상사는 non stop flight를, 저렴한 항공편을 원함

2) 호텔정보 찾기
  • 상사는 맨해튼 근처, 비지니스센터, 헬스장, 수영장을 갖춘 호텔을 선호하며, 조식을 제공하는 비교적 저렴한 호텔을 원함

3) 기타 주변 정보 찾기
  • 환율, 기후, 주변 관광지 및 알아보기

4) 기타 비서가 챙겨야 할 준비물 목록은?

다음의 종합사례 편을 읽고, 출장 계획표와 예산경비안을 만들어보자.

⚙ **실습**

제출 : 출장일정표, 예산경비안

종합사례 3_국내출장계획표

정선아 교수님은 11월 3일부터 4일까지 부산에서 열리는 비서학회에 참석하신다. 비서 3년 차인 나를 믿고 교수님께서는 모든 일정을 출장일정표 형태로 만들어 오라고 하셨다. 지금부터 출장일정표(itinerary)와 예산경비를 만들어 보자.

1) 정보
- 회의명 : 한국비서학회 정기세미나 / 장소 : 부산 파라다이스호텔 대회의실 / 일정 : 11월 3일 2p.m. 1차 회의, 4일 10a.m. 2차 회의 / 회의주제 : 비서직취업률 향상 방안 / 교통 : 자택에서 출발(비행기/대한항공) 학회출발은 KTX로 / 참가비 : 20만원 (숙박/석식/조식포함), 직급여비 : 10만원 / 교통비 요청가능

2) 추가정보
- 상사는 부산에 비서관련 학과가 있는 대학목록을 찾길 원하며, 그 중 한 곳을 방문하길 원하므로 학회일정이 끝난 다음 방문 하실수 있도록 찾아서 일정표에 넣어드려야 한다.

3) 기타 필요정보 찾기
- 기타 비서가 챙겨야 할 준비물 목록은?

국내 출장 계획서의 (예)

국내 출장 계획서

문서번호 : MA-0123
관련부서 : 마케팅
작성일자 : ○○○○년 5월 7일(월)
작 성 자 : 박 지 은

결재	담 당	부서장	임 원	사 장

소 속	마케팅	부 서	마케팅
직 책	부사장	성 명	정 춘 민
출 장 목 적	○○○○ 영업소 상반기 시찰		
출 장 기 간	○○○○년 5월 29일 ~ ○○○○년 5월 30일 (총 2 일간)		
출 장 지 역	마산/대구 영업소		

세 부 일 정 계 획				
지 역	체 류 기 간	체 류 지	방 문 용 건	방 문 처
마산	5월 29일	그랜드호텔	상반기 시찰	마산영업소
부산	5월 30일	GG	상반기 시찰	부산영업소

상기와 같이 출장을 계획하오니 허가해 주시기 바랍니다.

년 월 일

별첨 : 1. 출장 일정표
　　　 2. 출장 경비 예산서

국내 출장 일정표의 (예)

국내 출장 일정표

출장기간 : ○○○○년 5월 29일(화)~5월 30일(수)

날짜	일시	장 소	일 정	비 고
5/29 (화)	09:00	자택 출발	김포국제공항으로 출발	차량 대기 및 이동
	09:40	김포국제공항	김포국제공항 도착	
	11:00	김포국제공항	비행기 (대한항공 탑승)	편명 : KE1107 기종 : BOEING 737 좌석 : Prestige Class, E8 (Window seat) Tel.1588-2001(예약번호 1234)
	10:55	김해국제 공항도착	마산 영업소 이동	도착 출구 마산 기사 대기 (체어맨 허 1004) 기사(H.P) 010.7655.0927
	12:00	마산 영업소	직원들과 점심식사	회식(장소는 영업소 섭외)
	14:00	마산 영업소	마산 영업소 시찰	
	15:00	마산 영업소 5층 대회의실	회 의	
	17:30	마산 영업소	대구 Grand Hotel로 출발	마산영업소 차량 이용 Grand Hotel Presidential Suit Room (예약번호 AB2345) Tel. 053-742-0001
	19:00	호텔	이후 휴식 및 자유일정	

날짜	일시	장 소	일 정	비 고
5/30 (수)	08:00	호텔 내	아침식사	
	10:00		대구 영업소 이동	호텔 입구 대구 기사 대기 에쿠스 허 8282 기사(H.P) 010.9343.0927
	11:00	대구 영업소	대구 영업소 시찰	
	12:30	대구 영업소	직원들과 점심식사	회식(장소는 영업소 섭외)
	14:00	대구 영업소 3층 중회의실	회 의	
	17:30	대구 영업소	대구국제공항으로 출발	대구 영업소 차량 이용 에쿠스 허 8282
	16:30	대구국제공항	비행기 (대한항공 탑승)	편명 : KE1118 기종 : BOEING 737 좌석 : Prestige Class, E8 (Window seat) (예약번호 : 4567)
	17:30	김포국제공항	귀가	차량 대기

국내 출장 경비 예산서의 (예)

출장 경비 예산

구 분	항 목	금 액
출장 지역 상반기 시찰 관련 비용	교통비 (비행기표 : ₩121,800)	₩243,600
	숙박비 (그랜드 호텔)	₩320,000
기타 비용	개별식대 (1회당 5만원)	₩100,000
	접대비(회식) (1회당 15만원)	₩300,000
	직급 여비	₩300,000
총 계		₩1,263,600

✎ 해외 출장 계획서, 일정표의 (예)

해외 출장 계획서		결재	담당	팀장	부사장	사장
문서번호	12-2356	기안일자	○○○○년 3월 12일(월)			
소 속	해외영업팀	성 명	지 승 민 팀장			
출장지	미국 LA	교통수단	대한항공 일반석			
출장목적	미주지역 그룹 워크샵 참석					

년	월	일	시간	출장 업무 내역	관계기관부서
○○○○	7	16	20:00	출발	
	7	22	17:20	도착	

상기와 같이 출장 계획을 보고 드리오니 재가 바랍니다.

년   월   일

별첨 : 1. 출장 일정표
        2. 출장 경비 예산서

✎ 해외 출장 일정표의 (예)

해외 출장 일정표

○○○○년 7월 16일(월)~7월 22일(화)

날짜	시 각	일 정	교통편	장 소	비고
7/16 (월)	16:00	자택-인천공항	자가용	자택출발	공항까지 약 1시간 소요 예정
	20:00	인천-LA	KE011 (보잉747)	인천공항	예약번호 4204
	15:20	LA도착		LAX공항	
	16:00	공항에서 호텔로 이동	택시이용 (참고자료1 : 택시 승강장)	Anaheim Marriot 700 West Convention Way Anaheim, CA 92802 Tel) 800-228-9290 예약번호) SDF-123	공항에서 숙소까지 약 35마일 / 택시로 약 40분소요 예정
	17:00	호텔 Check in		Anaheim Marriot	체크인 시작 시간은 오후 4시부터 (예약번호 SDF-123)
	18:00	석식		호텔 내 레스토랑 이용	(참고자료2 : 레스토랑 리스트)
	19:00	휴식 및 자유 시간			
7/17 (화)	오전	휴식 및 자유 시간			
	12:30~ 15:30	Professional Development Seminars	도보	Convention Center (참고자료3 : 컨벤션센터까지의 약도)	호텔에서 컨벤션센터까지 0.3마일 도보 10분 소요예정
	이후	지인 분들과의 만남에 따른 자유일정			

날짜	시간	내용	교통	장소	비고
7/18 (수)	07:30~ 12:00	Professional Development Seminars		Convention Center	
	12:20~ 13:15	중식		Convention Center	Lunch 제공
	이후	지인 분들과의 자유 일정			
7/19 (목)	자유 일정	그룹 차원 친목도모 디즈니랜드 투어	호텔에서 택시 이용 Yellow Cap : 714-226-0061	디즈니랜드 1313 South Disneyland Dr. Anaheim, CA 92802 (참고자료4 : 디즈니랜드까지의 약도)	차로 5~6분 소요예정
7/20 (금)	08:30~ 11:30	Computer Workshop		Convention Center	
	12:00~ 14:00	중식		Convention Center	Lunch 제공
	이후	자유일정			
7/21 (토)	10:00	호텔 Check out		Anaheim Marriot	
	10:00~ 10:40	호텔에서 공항으로 이동	택시이용 Yellow Cap: 714-226-0061	터미널 B	
	12:30	LA - 인천	KE018	LAX공항	
7/22 (일)	17:20	인천도착		인천공항	
	19:00	자택도착			

TIP!

해외출장을 가실 경우에는 영문 명함을 넉넉히 챙겨 드리고 선물을 준비해야 할 경우에는 상사와 미리 상의하여 해외 반입에 지장이 없는 물품인지 체크해야 한다!

해외 출장 일정표의 참고자료 (예)

참고자료 1 : LAX공항 택시 승강장 - ◯ 표시가 택시 승강장임

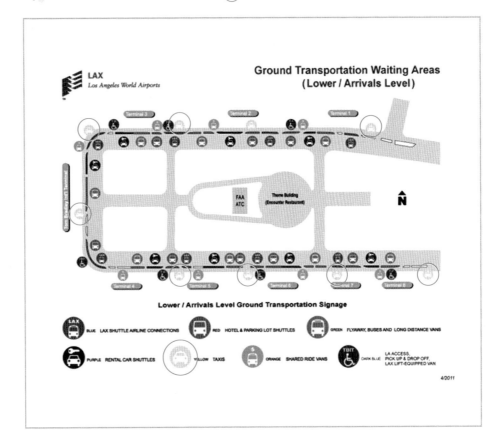

TIP!

이 출장 계획안에서는 교통편은 주로 택시를 이용하도록 해 드렸다는 것을 알 수 있을 것이다.

호텔과 컨벤션 센터는 도보로 10분 안쪽이며 관광명소인 디즈니랜드의 경우도 차로 5~6분 떨어져 있는 곳이기 때문에 택시를 이용하시는 것이 편리할 것이다.

만약 렌트를 하면 이 호텔의 경우 하루 파킹비용을 24불씩 지불하기 때문에 오히려 택시를 타시는 것이 경제적일 것으로 판단된다. (또한 Anaheim Marriott호텔의 경우 공항 – 호텔 간 셔틀버스를 제공하지 않으므로 공항에서도 택시로 이동하는게 편리할 것이다.)

JW's Steakhouse

Steakhouse

Enjoy the best of Anahelm restaurants near the coruventhon center at JW's.
an Intlmabe. unlque steakhouse offering prlme meats and world-class wines. Open select days.
- Open for dinner
- Dress code : ShirtStacks Req.

Related Links

Dining Nearby

Cafe Del Sol

California

This full serivce Anahelm restaurant offers fresh Calfomataculsine and otherfamily frendly dishes in a casual atmosphere
- Open for breakfast, lunch and dinner
- Dress code, Casual

Starbucks / Marketplace

Coffee House

Serving a variety of pastries, light tare and speciaity coffees at andy time of the day.
- Open for breakfast. lunch and dinner

Pizza Hut

Pizza

Enjoy quick and dellclous snack or meal ar the Pizza hut
- Open for lunch and dinner

Degrees Wine and Patio Bar

Other

For relax at this Anahelm restaurant near the Convention Center and enjoy drinks, the slness, qulet conversation and dellclous food.

⚙️ 참고자료 3 : 호텔에서 컨벤션센터까지의 약도 – 도보 10분 소요

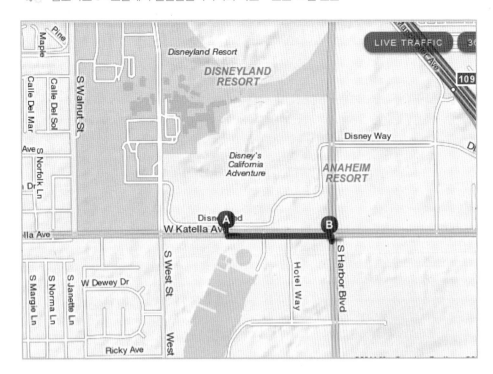

⚙️ 참고자료 4 : 호텔에서 디즈니랜드까지의 약도 – 차로 5분 소요예정

⚙️ 〈인근 관광 명소〉 LA지역의 (예)

❗ 1. 디즈니랜드

LA 남부 오렌지 카운티
애너하임(Anaheim)시에 있는 디즈니랜드는 월트 디즈니가 1955년
에 창립하였다.
개장 이래 연인원 7,000만명 이상이 다녀갔으며, 대지가 무려
34ha에 이르는 세계최대의 놀이공원이다.
이 대지 위에 8개의 랜드로 구성하여 각각의 주제로 즐길 수 있게
되어 있다.

❗ 2. 유니버설 스튜디오

헐리우드 북쪽에 위치한 세계최대의 영화 및 TV촬영 스튜디오로
95만 평방 마리에 달하는 넓은 부지에 35동의 실내 촬영소와 500
동의 세트가 있다.
투어는 트램투어, 스튜디오 센터, 인터테인먼트 센터 등 3가지가
있다.

❗ 3. 씨월드(샌디에고)

씨월드는 미션 베이 안에 있는 세계 최대의 수족관으로 1964년 3월 21일에 문을 연 이래 1억
명 이상의 관람객이 다녀갔다. 이곳에서는 식인 상어의 묘기와 거대한 고래공연에서부터 바
위구멍에서 불쑥 튀어나오는 수백마리 뱀장어의 모습을 볼 수 있고 남극관에서는 수백마리
의 펭귄들이 얼음 위에서 즐겁게 뛰노는 모습을 볼 수 있다.
그 중 반드시 보아야 할 것은 고래를 사육하고 있는 풀장과 돌고래쇼이다.

✍ 해외 출장 경비 정산서의 (예)

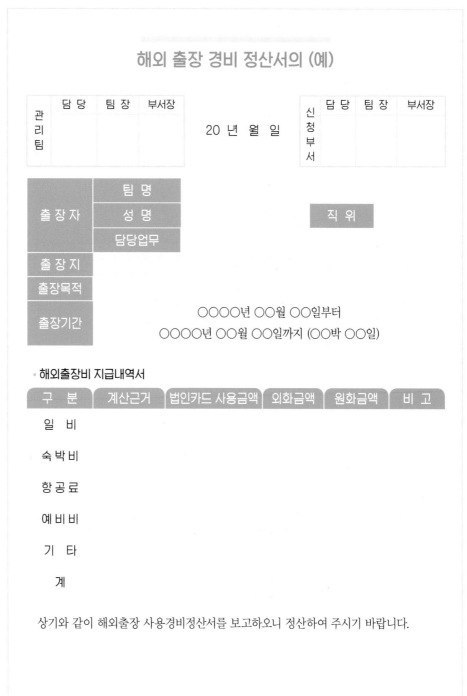

해외 출장 경비 정산서의 (예)

관리팀	담당	팀장	부서장

20 년 월 일

신청부서	담당	팀장	부서장

출장자	팀 명
	성 명
	담당업무

직 위

출장지
출장목적
출장기간

○○○○년 ○○월 ○○일부터
○○○○년 ○○월 ○○일까지 (○○박 ○○일)

• 해외출장비 지급내역서

구 분	계산근거	법인카드 사용금액	외화금액	원화금액	비 고
일 비					
숙 박 비					
항 공 료					
예 비 비					
기 타					
계					

상기와 같이 해외출장 사용경비정산서를 보고하오니 정산하여 주시기 바랍니다.

년   월   일

별첨 : 교통비명세서, 증빙서(항공티켓, 환전영수증, 공항사용료영수증, 통신비사용영
수증, 교통비영수증, 숙박비영수증 등 부착)

⚙ 참고자료 1(인천공항 취항 항공사 리스트)

항공사명	국적	대표연락처	공항연락처	IATA	ICAO	터미널
FedEx. FedEX항공	미국	080-023-8000	032-744-6114, 6230	FX	FDX	T1
KLM KLM네덜란드항공	네덜란드	02-6105-4037	032-744-4900	KL	KLM	T2
Garuda Indonesia 가루다인도네시아	인도네시아	02-773-2092	032-744-1990	GA	GIA	T2
KOREAN AIR 대한항공	한국	1588-2001	1588-2001	KE	KAL	T2
DELTA 델타항공	미국	0079-8651-7538	032-744-7072	DL	DAL	T2
LongHao Airlines 롱하오항공	중국	070-8672-9893	070-8672-9893	GI	LHA	T1
Lufthansa 루프트한자 독일항공	독일	02-6022-4228	070-8686-2560	LH	DLH	T1
SOUTHERN AIR 미국남부화물항공	미국	032-742-9257	032-742-9257	9S	SOO	T1
MAI 미얀마국제항공	미얀마	02-319-7676	032-743-7985~6	8M	MMA	T1
SHANDONG AIRLINES 산동항공	중국	032-743-8202	032-743-8202	SC	CDG	T1
XIAMENAIR 샤먼항공	중국	02-3455-1666	02-3455-1666	MF	CXA	T2
scoot 스쿠트타이거항공	싱가포르	023-483-5423	032-743-2537	TR	TGW	T1

항공사명	국적	대표연락처	공항연락처	IATA	ICAO	터미널
silkway west airlines 실크웨이웨스트항공	아제르바이잔	02-779-8864	02-779-8864	7L	AZQ	T1
Shenzhen Airlines 심천항공	중국	0086-755-8881-4023	032-744-3258	ZH	CSZ	T1
SINGAPORE AIRLINES 싱가포르항공	싱가포르	032-744-6500	032-744-6500	SQ	SIA	T1
American Airlines 아메리칸항공	미국	02-3483-3909	032-743-7260	AA	AAL	T1
ASIANA AIRLINES 아시아나항공	한국	1588-8000	032-744-2000	OZ	AAR	T1
AEROMEXICO 아에로멕시코	멕시코	02-754-6336	032-743-6620	AM	AMX	T2
AEROFLOT 아에로플로트 러시아 항공	러시아	080-822-0244	032-744-8672	SU	AFL	T2
ATLAS AIR 아틀라스항공	미국	02-752-6310	032-743-5220,3	5Y	GTI	T1
Emirates 에미레이트항공	아랍에미리트	02-2022-8400	032-743-8100	EK	UAE	T1
EVA AIR 에바항공	대만	032-744-3512	032-744-3512	BR	EVA	T1
air astana 에어 아스타나	카자흐스탄	02-3788-9170	032-743-2620	KC	KZR	T1
AirJapan 에어 재팬 주식회사	일본	02-2661-6337	02-2661-6337	NQ	AJX	T1

항공사명	국적	대표연락처	공항연락처	IATA	ICAO	터미널
AIRFRANCE ✈ 에어 프랑스	프랑스	02-6105-4038	032-744-4900	AF	AFR	T2
AeroLogic 에어로로직	독일	032-744-0884	032-744-0884	3S	3SX	T1
AIR BUSAN 에어부산	한국	1566-3060	032-743-3385	BX	ABL	T1
AirBridgeCargo 에어브릿지 화물항공	러시아	02-712-5803	032-744-1419	RU	ABW	T1
AIR SEOUL 에어서울	한국	1800-8100	032-744-6532	RS	ASV	T1
Air Incheon 에어인천 에어인천	한국	032-719-7890	032-719-7890	KJ	AIH	T1
air Hongkong 에어홍콩	중국	032-744-6766	032-744-6766	LD	AHK	T1
Ethiopian 에티오피아항공	에티오피아	02-733-0325	032-743-5704	ET	ETH	T1
Ethiopian 에티하드 항공	아랍에미리트	02-3483-4888	02-3483-4888	EY	ETD	T1
UZBEKISTAN airways 우즈베키스탄항공	우즈베키스탄	02-754-1041	02-754-1041	HY	UZB	T1
YT 圓通航空 AIRLINES 원통항공	중국	-	-	YG	HYT	T1
UNITED 유나이티드항공	미국	02-751-0300	032-744-6666	UA	UAL	T1
UPS 유피에스항공	미국	1588-6886	032-744-3000, 3041	5X	UPS	T1

항공사명	국적	대표연락처	공항연락처	IATA	ICAO	터미널
JEJUair 제주항공	한국	1599-1500	070-7420-1701	7C	JJA	T1
AIR CHINA 중국국제항공	중국	001-80086-100-999	032-744-3258	CA	CCA	T1
CHINA SOUTHERN AIRLINES 중국남방항공	중국	1899-5539	032-743-3455	CZ	CSN	T1
中國東方航空 CHINA EASTERN 중국동방항공	중국	1661-2600	032-744-3780	MU	CES	T1
中國郵政航空公司 China Postal Airlines 중국우정항공	중국	032-744-4785	032-744-4785	CF	CYZ	T1
中國貨運航空 CHINA CARGO AIRLINES 중국화물항공	중국	02-518-0330	032-744-3793	CK	CKK	T1
CHINA AIRLINES 중화항공	대만	032-743-1513	032-743-1513	CI	CAL	T2
JINAIR 진에어	한국	1600-6200	032-743-1504	LJ	JNA	T1
ZIPAIR 집에어	일본	02-3789-4142	02-3789-4142	ZG	TZP	T1
青島航空 QINGDAO AIRLINES 청도항공	중국	02-2039-0737	02-2039-0737	QW	QDA	T1
春秋航空 SPRING AIRLINES 춘추항공	중국	032-743-6990	032-743-6990	9C	CQH	T1
cargolux 카고룩스항공	룩셈부르크	02-2663-8200	032-744-3711	CV	CLX	T1
QATAR AIRWAYS 카타르항공	카타르	032-744-3370	032-744-3370	QR	QTR	T1

항공사명	국적	대표연락처	공항연락처	IATA	ICAO	터미널
KALITTA AIR 칼리타항공	미국	02-775-2333~4	032-744-0888	K4	CKS	T1
AIR CANADA 캐나다항공	캐나다	02-3788-0100	032-744-0898~9	AC	ACA	T1
CATHAY PACIFIC 캐세이패시픽항공	중국	032-744-6777	032-744-6777	CX	CPA	T1
QANTAS 콴타스항공	오스트레일리아	-	-	QF	QFA	T1
THAI 타이항공	태국	02-3707-0114	032-744-3571	TG	THA	T1
TURKISH AIRLINES 터키항공	터키	02-6022-4270	032-744-3737	TK	THY	T1
t'way 티웨이항공	한국	1688-8686	1688-8686	TW	TWB	T1
P 폴라에어카고	미국	02-3211-3185	032-744-4215	PO	PAC	T1
LOT POLISH AIRLINES 폴란드항공	폴란드	02-3788-0270	032-743-9798	LO	LOT	T1
FINNAIR 핀에어	핀란드	02-730-0067	02-730-0067	AY	FIN	T1
HAWAIIAN AIRLINES 하와이안 항공	미국	02-775-5552	032-743-7482	HA	HAL	T1

(2021.03.17현재)https://www.airport.kr/ap/ko/dep/apAirlinesList.do

⚙ 참고자료 2(요금예시(서울 - 뉴욕, 존에프케네디 공항))

1. 대한항공(일반석 왕복)

좌석 없음 또는 미운항 주변일자 중 최저운임	오는 날 01/25 (토)	오는 날 01/26 (일)	오는 날 01/27 (월)	오는 날 01/28 (화)	오는 날 01/29 (수)	오는 날 01/30 (목)	오는 날 01/31 (금)
가는 날 01/16 (목)	-	-	-	-	-	-	-
가는 날 01/17 (금)	-	○ 2,847,800원	○ 2,772,800원	○ 2,772,800원	○ 2,772,800원	○ 2,772,800원	-
가는 날 01/18 (토)	-	○ 2,854,300원	○ 2,779,300원	○ 2,779,300원	○ 2,779,300원	○ 2,779,300원	-
가는 날 01/19 (일)	-	○ 2,847,800원	○ 2,772,800원	○ 2,772,800원	○ 2,772,800원	○ 2,772,800원	-
가는 날 01/20 (월)	-	○ 2,269,300원	○ 2,194,300원	○ 2,194,300원	○ 2.194,300원	○ 2,194,300원	-
가는 날 01/21 (화)	-	-	-	-	-	-	-

2. 대한항공(비지니스석)

좌석 없음 또는 미운항 주변일자 중 최저운임	오는 날 01/25 (토)	오는 날 01/26 (일)	오는 날 01/27 (월)	오는 날 01/28 (화)	오는 날 01/29 (수)	오는 날 01/30 (목)	오는 날 01/31 (금)
가는 날 01/16 (목)	-	-	-	-	-	-	-
가는 날 01/17 (금)	-	○ 6,111,500원	○ 5,975,700원	5,961,500원	5,961,500원	○ 5,979,300원	-
가는 날 01/18 (토)	-	○ 6,261,500원	○ 6,125,700원	○ 6,111,500원	○ 6,111,500원	○ 6,129,300원	-
가는 날 01/19 (일)	-	○ 6,777,000원	○ 6,641,200원	○ 6,627,000원	○ 6,627,000원	○ 6,644,800원	-
가는 날 01/20 (월)	-	○ 6,111,500원	○ 5,961,500원	5,975,700원	5,961,500원	○ 5,979,300원	-
가는 날 01/21 (화)	-	-	-	-	-	-	-

3. 대한항공(일등석)

좌석 없음 또는 미운항 주변일자 중 최저운임	오는 날 01/25 (토)	오는 날 01/26 (일)	오는 날 01/27 (월)	오는 날 01/28 (화)	오는 날 01/29 (수)	오는 날 01/30 (목)	오는 날 01/31 (금)
가는 날 01/16 (목)	-	-	-	-	-	-	-
가는 날 01/17 (금)	-	○ 12,771,200원	○ 12,771,200원	○ 12,771,200원	○ 12,771,200원	○ 12,771,200원	-
가는 날 01/18 (토)	-	○ 12,771,200원	○ 12,764,700원	○ 12,771,200원	○ 12,764,700원	○ 12,764,700원	-
가는 날 01/19 (일)	-	○ 12,771,200원	○ 12,764,700원	○ 12,771,200원	○ 12.764,700원	○ 12,764,700원	-
가는 날 01/20 (월)	-	○ 12,771,200원	○ 12,764,700원	○ 12,771,200원	○ 12,764,700원	○ 12,764,700원	-
가는 날 01/21 (화)	-	-	-	-	-	-	-

TIP!

다음의 사항을 반드시 확인하세요!

- 비행기 티켓 예약을 confirm하는 것과 waiting list에 이름을 올려놓는 것은 다르다. waiting list에 올려놓아야 하는 경우에는 상사에게 이 사실을 말하고 다른 항공사 티켓을 속히 알아봐야 한다.

- 비행기 티켓은 항공사의 홈페이지를 이용하여 개별적으로 예약하는 것보다는 여행사를 통해 예약하는 것이 훨씬 저렴하다. 기업의 경우 자주 이용하는 여행사가 있기 마련이므로 선임비서에게 인수인계 받을 때 여행사의 정보도 확인하도록 한다.

- 여정 구간이나 비행기 기종에 따라 First Class의 운행을 제공할 때가 있고 그렇지 않을 때가 있음을 알아둔다.

- 항공사별로 마일리지 적립카드를 발행하여 이용하고 있으니 상사의 출장 이후 마일리지가 잘 적립 되었나 확인하도록 한다.

- 비즈니스좌석 이상의 좌석을 예약할 경우 식사 메뉴에 대한 예약도 함께받고 있으니 상사와 상의하여 미리 주문을 넣어 두도록 한다.

잠깐, 이런 경우도 있어요!

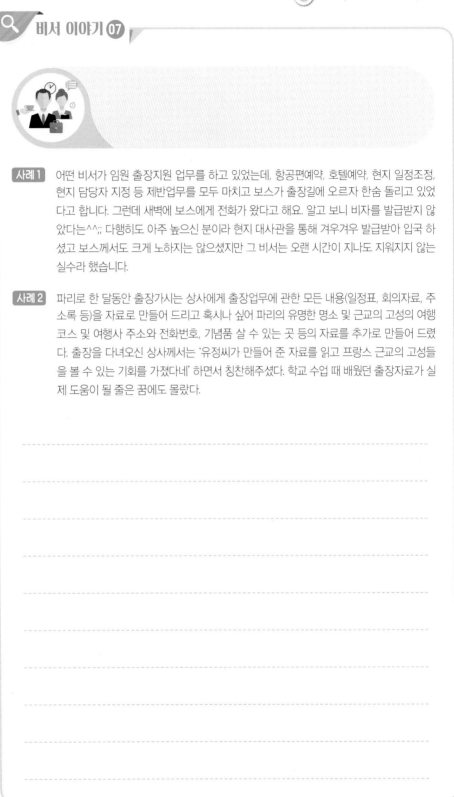

비서 이야기 07

사례 1 어떤 비서가 임원 출장지원 업무를 하고 있었는데, 항공편예약, 호텔예약, 현지 일정조정, 현지 담당자 지정 등 제반업무를 모두 마치고 보스가 출장길에 오르자 한숨 돌리고 있었다고 합니다. 그런데 새벽에 보스에게 전화가 왔다고 해요. 알고 보니 비자를 발급받지 않았다는^^;; 다행히도 아주 높으신 분이라 현지 대사관을 통해 겨우겨우 발급받아 입국 하셨고 보스께서도 크게 노하지는 않으셨지만 그 비서는 오랜 시간이 지나도 지워지지 않는 실수라 했습니다.

사례 2 파리로 한 달동안 출장가시는 상사에게 출장업무에 관한 모든 내용(일정표, 회의자료, 주소록 등)을 자료로 만들어 드리고 혹시나 싶어 파리의 유명한 명소 및 근교의 고성의 여행코스 및 여행사 주소와 전화번호, 기념품 살 수 있는 곳 등의 자료를 추가로 만들어 드렸다. 출장을 다녀오신 상사께서는 '유정씨가 만들어 준 자료를 읽고 프랑스 근교의 고성들을 볼 수 있는 기회를 가졌다네' 하면서 칭찬해주셨다. 학교 수업 때 배웠던 출장자료가 실제 도움이 될 줄은 꿈에도 몰랐다.

Chapter 09

정보관리 업무

01

거래선(거래처) 관리

02

주소록 관리

03

상담일지(면담 카드) 작성 및 관리

04

정보사회와 비서의 보안 관리

05

정보의 관리 및 활용

06

정보의 순환 4단계

정보관리 업무

거래선 관리/주소록 작성법 · 상담일지 작성법 · 정보수집과 활용법

 학습 목표 | 상사의 거래선 및 주소록 관리, 상담일지 작성, 기타 비서가 알아야 할 정보관리 업무에 대해 숙지한다.

01

거래선(거래처) 관리

거래선 관리에 대해 알아보자

상사의 거래선은 비서의 보안 유지 대상 중 하나!

따라서 비서는 고의로든 고의가 아니든 거래선에 관한 기밀사항이 밖으로 새어 나가지 않도록 철저히 관리하여야 할 책임이 있다. 거래선 카드 작성 시 유의 사항은 다음과 같다.

• 상세하게 기록
• 정확하게 기록 : 특히 숫자나 알파벳은 더욱 더 세심한 주의를 기울여 작성
• 기밀유지 : 작성한 거래선 카드는 외부로 유출되지 않도록 보관에 유의한다.
• 변경 시 수시 정정 : 거래선 카드는 변경이 발생할 때 마다 업데이트하여 항상 최신의 정보를 갖추고 있어야 한다.

▶ 모든 자료를 DB로 저장관리한다.

✎ 거래선 카드 작성의 (예)

거래선 CARD

국 명		부 서		거 래 선

⚙ 회사 현황

회 사 명			회 장 명
주 소			
전화번호			FAX NO.
설립년도	취급품목		BRAND
영업형태	MAKER,IMPORTER,STORE, 기타( )		STORE DEALER SALES REP수
상사와의 관 계			
모 회사 또는 자회사명			
국내지점 또는 AGENT			
거래은행	외형규모		

⚙ MAKER경우

주요 생산품목	CAPA	M/S	공장 위치	A/S CENTER WORK SHOP	SHOW ROOM

특기 사항	- 종업원 수
	- ENGINEER 수
	- 기 타

02

////////////////

주소록 관리

주소록 관리에 대해 알아보자

주소록 관리는

• 수준 높은 서비스 제공 : 명함에 적혀져 있는 사항, 음료의 기호, 인상착의 등을 기록해 두어 다음 방문 때에는 보다 수준 높은 서비스를 제공 할 수 있도록 돕는다.

• 우편물 레이블로 활용 : 우편물을 보낼 때, 주소록이 주된 자료가 됨으로 레이블을 작성하는 프로그램과 잘 호환이 될 수 있는 프로그램을 택해서 작성해야 한다. 주소록 역시 비서의 보안 유지 대상이며 철저히 관리해야 한다.

주소록 작성 시 유의사항

• 상사가 명함을 주시면, 즉시 주소록에 옮겨 두어 분실하는 일이 없도록 한다

• 상사와의 만남 없이 통화만 하신 분들도 주소록에 잘 기입해놓는다.

• 직장이나 직함이 바뀐 분들은 최신의 정보를 알게 되는 즉시 업데이트한다.

• 우편물 레이블을 만들 경우를 대비 하여 호환될 수 있는 프로그램을 이용한다.

• 주소록에 옮겨둔 명함은 버리지 말고 상사가 원하실 때 언제라도 갖다 드릴 수 있도록 명함 관리철에 잘 파일링 해 놓도록 한다.

01 상사께서 조찬모임에 다녀오신 후 아래와 같은 명함들을 건네주시며 잘 관리해 두라고 하셨다. 이 명함들을 어떻게 관리해야 좋을지 엑셀 프로그램을 사용하여 주소록을 만들어 보자. 주소록을 만들 때에는 나중에 우편물 레이블로 작성할 수 있도록 유념하며 만들어 보자. (실제 명함 20장을 제시하여 주소록을 만들어보자)

03

상담일지
(면담 카드)
작성 및 관리

상담일지 관리에 대해 알아보자

상담일지에 기입되어야 하는 사항은 내방 인물의 정보(이름, 소속, 전화번호)와 상담 목적 및 소요시간, 장소, 본 상담을 위해 참석한 자들의 명단, 선물이 오고 갔다면 선물의 내용, 자료 및 특이 사항까지 기록되어야한다. 상담일지는 내방객이 다녀간 직후 작성하고 추후 필요시 꺼내어 볼 수 있도록 잘 파일링 하도록 한다.

02　3월 26일(월요일) 오전 11시경 중앙금속의 김우성 사장과 박찬현 부장께서 내방하셨다. 중앙금속은 우리회사(현상 중공업)의 오래된 거래선이며 최근엔 프로젝트B건으로 우리 사장님과 잦은 미팅을 가지신다. 이번 회의는 우리 회사 2층에 있는 소회의실A에서 열리며 우리 측 참석자는 사장님과 해외무역팀장이 함께하였다. 미팅은 약 40분 정도 이루어 졌으며 나오시는 길에 해외 무역팀장님은 비서인 나에게 "다음번 미팅은 다음 주 화요일(4월 3일)에 있을 예정이에요"라고 말씀해 주셨다. 이를 바탕으로 상담일지를 작성해 보도록 하자. 위에 나와 있지 않은 사항들에 대해선 임의로 작성할 수 있다.

✎ 상담일지의 (예)

		일 시		년 월 일	장 소	
상 담 기 록 내 용	상 담 자	본 사				
		BUYER				
		상담내용			조치 및 요구사항	
	회사 기념품					
	회의	1) 일시 2) 참석자 3) 장소				
	(특기사항)					

✍ 내방 인사 면담 카드의 (예)

국 적	내방인사 면담 카드	
성 명		
발 음 존 칭 직 위		
주 요 인 적 사 항 및 약력		
당사 HOST	방문 일시	면담 장소
면담시참석자		
당사방문목적 및 경위		
면담시TOPIC		
방 한 목 적		
방한주관기관	방문기간	도착일시 (항공편)
기 념 품	숙소	_____ Room _____ ※Bouquet비치여부( )
회 의	• 배석자 • 일시 및 장소	기타 준비사항

방문 후 조치사항(관련지점, 부서 및 기관에의 연락여부 및 Follow-up사항)

04

정보사회와 비
서의 보안 관리

정보사회와 비서의 보안관리에 대해 알아보자

> 정보사회란 '정보가 물질이나 에너지 이상으로 중요한 자원이 되고,
> 정보의 가치 창출을 중심으로 사회전체가 움직이는 사회'!

현대의 비즈니스에서는 가치 있는 정보를 필요한 시점에 가지고 있느냐 없느냐가 비즈니스의 성패를 좌우 한다. 그러므로 비서는 기존에 수집되어 있는 정보를 잘 관리해야 할 뿐 아니라, 상사가 필요한 새로운 정보를 신속히 수집해야 하는 능력을 갖추고 있어야 한다. 또한 정보가 외부로 유출되지 않도록 심혈을 기울여 보안유지에 힘써야한다.

- 기밀의 보호 대상 : 1) 상사의 인물 정보   2) 회사 전반에 관한 정보
- 기업 비밀의 누설 요인 : 1) 자동누설   2) 타동누설
  - 자동누설 : 정보를 다루는 이의 부주의에 의해 정보가 새어 나가는 경우
    (예 기밀 서류를 다룰 때 부주의 하게 다루는 경우, 완벽히 파기해야 할 서류들을 파기 하지 않는 경우 등)
  - 타동누설 : 정보를 수집하려는 목적을 가지고 외부인이 의도적으로 접근하여 정보가 새어 나가는 경우

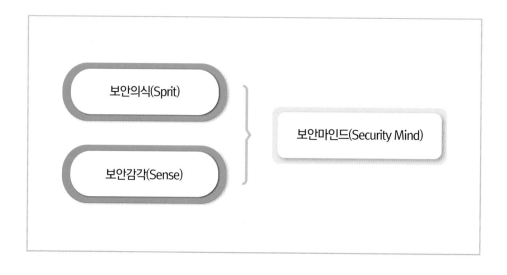

03 삼화회계법인 대표님 비서인 나는 다음 주에 있을 승진 대상자 발표에 관한 기밀 서류를 작성하고 있는 중이었다. 바쁘게 업무를 보던 중 대표님의 호출을 받고 급하게 대표님 방으로 들어가게 되어 작성하던 서류를 그대로 내 노트북의 모니터 상에 띄워 놓고 대표님 방으로 들어가 버렸다. 지시를 받고 5분 정도 후 내 자리로 돌아와서 보니 아차 싶었으나 다행히 누가 다녀가거나 작성하고 있던 문서를 읽은 흔적은 없었다.

그렇지만 비서인 나의 마음은 여간 불편한 것이 아니었다. 다행히 그 일이 있은 후부터 승진 대상자 발표까지는 아무 일도 일어나지 않은 채 지나갔지만 뭔가 일이 터지지 않을까 하여 불안한 마음으로 일주일을 보냈다. 보안의식을 갖춘 비서라면 이럴 때 어떻게 했어야 하는지 생각해서 적어보고 기밀 서류를 보관하는 방법에 대해서도 생각해보자.

TIP!

급하게 기밀 서류를 복사하여야 할 경우 마음이 급한 나머지 복사만 하고 원본 서류를 복사기에 두고 오는 경우도 많다. 급할 때 일수록 더욱 더 침착하게 업무 처리를 하여 기밀서류 원본을 잃어버리는 일이 없도록 해야 한다!

05

///////////////////////////////

정보의 관리 및 활용

정보의 관리 및 활용에 대해 알아보자

	Data	Information	Intelligence
의 미	사실입력	1차 정보 생정보(raw)	2차정보 가공정보
활 용	자연적	의식적	목적적

04 사장님께서 비서인 나에게 "미정씨, 오늘 삼성전자 시세가 어떻게 되죠?"라고 물으셨다. 나는 검색창에서 빨리 삼성전자를 찾아 "3월 26일 1,275,000원으로 장마감 하였습니다. 전일대비 14000원 올랐습니다." 라고 대답하였다. 사장님께서는 "음 그래? 미정씨 시간 있을 때 지난 1년치 그리고 3개월치 삼성전자 주식 차트 좀 뽑아다 줘" 라고 말씀하셨다. 내가 비서라고 생각하고 이 업무를 수행해 보자.

06

정보의 순환 4단계

정보는 순환단계를 거친다!

즉, 어떤 정보를 수집해야 할 지 계획을 세워야 하며, 계획에 따른 수집이 행해지고, 수집된 정보를 의사결정하기 쉬운 방법으로 처리되고 의사결정에 활용된다. 이같은 단계가 반복적으로 수행될 수 있다.

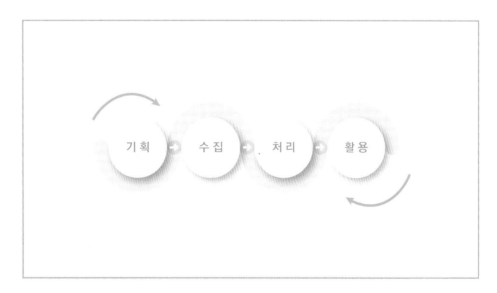

기 획   수 집   처 리   활 용

✍ 정보의 수집/정리/활용의 12가지 포인트

- point 1   정보 수집 대상은 가능한 압축해서 선택한다.

- point 2   정보관련 업무를 지속하기 위해서는 쉬운 방법을 선택한다.

- point 3   좋지 않은 정보도 수집한다.

- point 4   일상 업무를 잘 정리한다.

- point 5   분류 틀을 결정하여 정리한다.

- point 6   자기 자신만의 방법을 만든다.

- point 7   수집과 버리는 것은 표리일체.

- point 8   정보 자체 보다는 분석과 활용에 더울 신경쓴다.

- point 9   정보의 출처와 내용을 충분히 점검한다.

- point 10   정보는 어떠한 목적을 달성해야 하는 것을 잊지 말아야 한다.

- point 11   어떤 정보도 무시하지 말라.

- point 12   정보의 가치는 그 정보를 취급하는 사람에 의해 결정된다.

다음의 종합사례 편을 읽고, 보고서를 작성해 보자.

⚙ 실습

다음의 모든 정보를 포함하는 보고서를 작성하여 제출하시오.

종합사례 4_자료조사

상사는 세미나를 준비하기 위해 비서에게 관련 책을 조사하라고 하셨다. 인터넷 서점에서 주제와 관련된 관련 책에 대한 가격비교조사를 해서 정리하여 보고서를 작성해 보자.

1) 정보
- 필요한 책 : AI, BIG DATA, 창의성(creativity)에 관한 서적 / 가격, 저자, 출판서, 내용, 할인율, 택배비 등 관련 자료 정리할 것 / 국내서적뿐 아니라 외국서적 찾아볼 것 / 국내 유명 사이트 3곳 이상 비교할 것

2) 추가정보
- 상사가 의사결정을 잘 할수 있도록 보고서를 만들 것

다음의 종합사례 편을 읽고, 보고서를 작성해 보자.

⚙ **실습**

다음의 모든 정보를 포함하는 보고서를 작성하여 제출하시오.

종합사례 5_선물조사

상사는 회사 기념품을 제작하려고 한다. 가격은 3~5만원 내외의 상품을 추천해달라고 했다.

1) 정보
- 상품을 5가지 이상을 선정하자.
- 선정이유

2) 추가정보
- 선정할 때 비서가 고려해야 하는 사항 및 제시해야 할 정보가 무엇인지 생각해 보자.

잠깐, 이런 경우도 있어요!

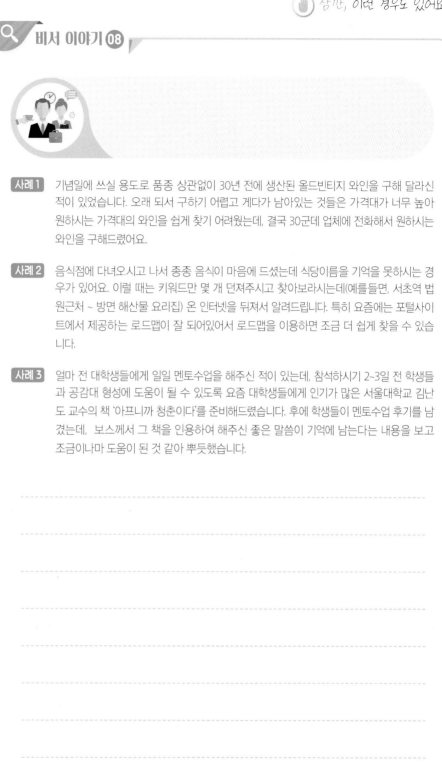

비서 이야기 08

사례 1 기념일에 쓰실 용도로 품종 상관없이 30년 전에 생산된 올드빈티지 와인을 구해 달라신 적이 있었습니다. 오래 되서 구하기 어렵고 게다가 남아있는 것들은 가격대가 너무 높아 원하시는 가격대의 와인을 쉽게 찾기 어려웠는데, 결국 30군데 업체에 전화해서 원하시는 와인을 구해드렸어요.

사례 2 음식점에 다녀오시고 나서 종종 음식이 마음에 드셨는데 식당이름을 기억을 못하시는 경우가 있어요. 이럴 때는 키워드만 몇 개 던져주시고 찾아보라시는데(예를들면, 서초역 법원근처 ~ 방면 해산물 요리집) 온 인터넷을 뒤져서 알려드립니다. 특히 요즘에는 포털사이트에서 제공하는 로드맵이 잘 되어있어서 로드맵을 이용하면 조금 더 쉽게 찾을 수 있습니다.

사례 3 얼마 전 대학생들에게 일일 멘토수업을 해주신 적이 있는데, 참석하시기 2~3일 전 학생들과 공감대 형성에 도움이 될 수 있도록 요즘 대학생들에게 인기가 많은 서울대학교 김난도 교수의 책 '아프니까 청춘이다'를 준비해드렸습니다. 후에 학생들이 멘토수업 후기를 남겼는데, 보스께서 그 책을 인용하여 해주신 좋은 말씀이 기억에 남는다는 내용을 보고 조금이나마 도움이 된 것 같아 뿌듯했습니다.

Chapter 10

신문정보
업무

01

신문을 읽어야 하는 이유

02

신문스크랩

03

신문에서 정보 얻는 법

신문의 중요성 · 신문에서 정보 얻는 법 · 신문스크랩 하는 법

학습목표 | 신문의 중요성과 신문 스크랩하는 방법을 숙지하여 연습하고, 신문에서 정보를 얻는 법에 대해 알아보자.

01

신문을 읽어야 하는 이유

신문을 읽어야 하는 이유를 생각해보자

인터넷과 스마트폰이 널리 보급되면서 종이 신문의 구독률이 예전에 비해 감소하고 있는 것이 사실. 하지만 여전히 인터넷 포털 사이트만 열면 검색어 순위부터 바로 지금 이 순간의 핫 이슈들을 알 수 있음에도 불구하고, 여전히 종이 신문을 읽어야 하는 이유가 있다.

- 종이신문에는 의제 설정(Agenda Setting) 기능이 있다.

  신문기사는 중요도에 따라 배열 위치가 다르며, 이는 사건의 경중의 파악과 그날의 주요사건을 파악하는데 도움이 된다.

- 인터넷 포털 사이트에서 기사를 읽을 경우, 사용자가 읽고 싶은 기사를 선택해서 보기 때문에 정치나 경제와 관련된 기사 보다는 연예나 스포츠에 관련된 기사를 클릭하여 볼 확률이 높다.

- 이러한 이유로 각 신문사는 무료로 인터넷 기사를 열람할 수 있게 하는 대신, 지면보기 서비스의 경우는 아직도 유료로 서비스 하는 경우가 있다.

- 주요 신문사의 인터넷 주소

  중앙일보 www.jungang.co.kr

  조선일보 www.chosun.com

  한겨레신문 www.hani.co.kr

  농아일보 www.donga.com

  경향신문 www.khan.co.kr

  매일경제 www.mk.co.kr

  문화일보 www.munhwa.com

01 오늘 날짜 신문과 인터넷 포털사이트 메인화면에 나온 기사를 비교해 본 후, 차이점에 대해 이야기 해 보자.

02

신문스크랩

신문스크랩에 대해 알아보자

신문스크랩을 하면 전문비서로서의 교양과 지식을 쌓게 되고 매일 신문을 읽는 것을 습관화 할 수 있다는 장점이 있다. 그렇다면 스크랩은 어떻게 해야 하는 것인지 알아보도록 하자.

스크랩하는 요령 및 필요 요소

① 먼저 신문을 읽으면서 스크랩할 기사를 선택한다(기업관련, 상사관련, 대정부관련)
② 기사를 꼼꼼히 읽으면서 중요한 곳에 하이라이팅한다.
③ 기사 위쪽에 출처를 메모해 둔다(날짜, 무슨 신문, 어느 면인지)
④ 스크랩양식을 작성하여 인쇄 한다.
⑤ 스크랩양식에 선택한 기사를 가위로 깨끗하게 오린 후 풀로 붙인다.
　(상사가 읽기 전까지는 오리지 않으며, 단지 포스트 잇을 붙여놓는다.)
⑥ 기사를 요약 한다.
⑦ 요약하며 모르는 용어를 정리 한다.
⑧ 기사를 읽고 난 후의 본인의 의견을 적어 넣는다.
⑨ 관련 기사가 더 있다면 관련기사까지 스크랩한다.(역시 출처 밝혀야 함)

Q : 신문스크랩의 뜻을 정확히 좀 알려주세요!
A : 우리가 신문을 읽다 보면 몰랐던 사실이나 오래 두고 보고 싶은 정보가 담긴 기사가 생기게 마련이다. 이들 기사를 오려내 찾아보기 쉽도록 정리하는 것이 바로 신문스크랩이다.

· 기사를 자를 때에는 칼과 자를 이용하여 유리판에서 보기 좋게 오려낸다.
· 신문 기사가 너무 클 경우에는 축소복사 하거나 보기 좋게 접어서 스크랩 한다.
· 기사에는 반드시 출처(날짜, 어느 신문, 몇 면)를 밝히도록 한다.
· 가급적이면 한 장에 하나의 기사를 스크랩 하는 것을 원칙으로 한다.

✎ 스크랩 훈련

사설스크랩 작성순서 1

1) 스크랩 표지 만들기

• 필수사항:
  스크랩 주제명, 스크랩 기간, 작성자

사설스크랩 작성순서 2

2) 목차 만들기

• 필수사항 :
  사설제목, 신문명, 페이지
  관련기사, 제목, 신문명, 페이지
  본문 양식 만들기

• 유의사항 :
  목차는 사설이 완성된 이후에
  마지막에 작성

사설스크랩 작성순서 3

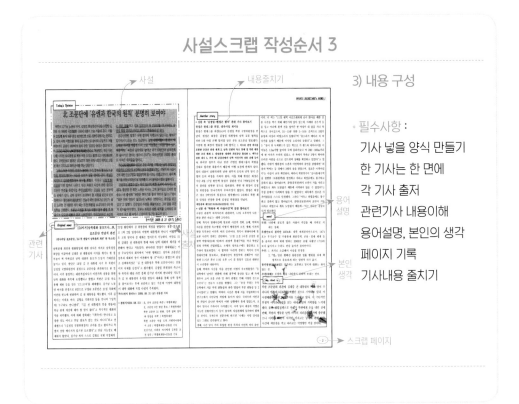

3) 내용 구성

• 필수사항 :

기사 넣을 양식 만들기

한 기사는 한 면에

각 기사 출저

관련기사 내용이해

용어설명, 본인의 생각

페이지 기록

기사내용 줄치기

사설스크랩 작성순서 4

4) 내용 구성

• 필수사항:

사설 왼쪽, 관련기사

오른쪽 배치

관련기사 출처 표시

사설스크랩 작성예제 1

사설스크랩 작성예제 2

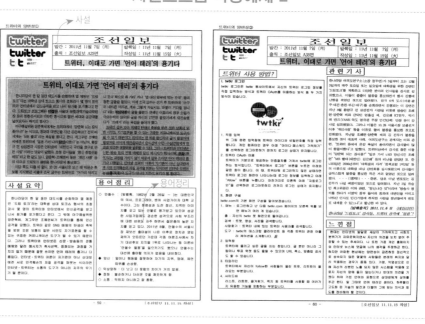

● 인터넷 기사를 스크랩 하는 경우에도 본인이 만든 양식탈(format)에 기사를 정리한다.

인터넷 기사 스크랩 예제 1

필수요소

- 스크랩양식 만들기
- 한 면에 한 기사
- 각 기사의 출처 기재
- 관련기사 내용이해
- 용어설명, 본인생각
- 페이지 기록
- 기사내용 줄치기

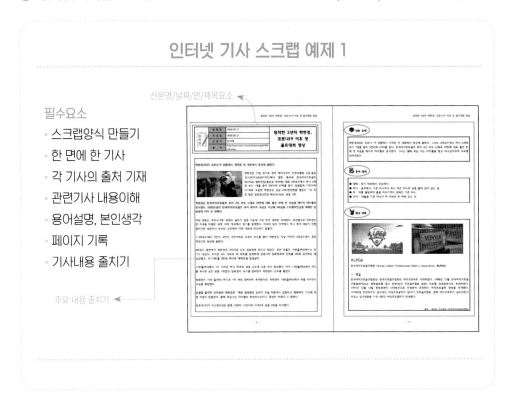

필수요소

- 추가자료
- 알아보기
- 관련기사
- 관련기사출처

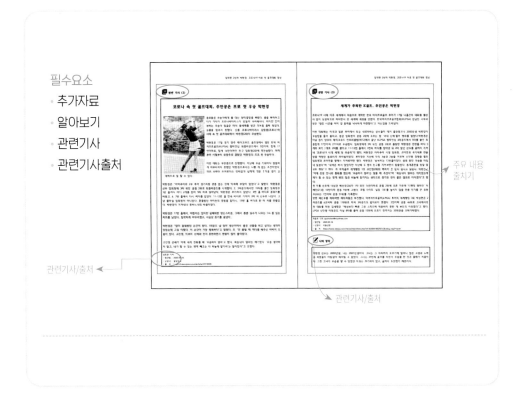

인터넷 기사 스크랩 예제 2

산발 차페적 만든 태양광, 발전 기여도 1% 안된다니

서울경제

▶ 내용요약

▶ 용어정보

▶ 기업정보

- 한국에너지공단

▶ 나의생각

공급메모

▶ 알아가요

중국산 태양광 쟁탈… 국내 점유율 첫 30% 돌파

中 저가 공세에 태양광 모듈 점유율 12%p↑

▶ 나의생각

02 다음 기사는 2021년 2월 26일 중앙일보에 실린 기사의 일부이다. 기사를 읽고 모르는 용어를 정리한 후 요약하고 느낀점을 적어보자. 또한 ESG경영에 대해 자세히 조사해보자.

[ESG 경영] ESG 기반 비즈니스 모델 혁신은 선택이 아닌 필수

화석 연료로 인한 대기 오염 탓에 조기 사망하는 이는 한 해 몇 명이나 될까. 정답은 한 해 450만 명(2018년 기준)이다. 환경 보호단체인 그린피스가 지난해 '독성 공시: 화석 연료의 대가'라는 보고서에서 밝힌 수치다. 국가별로는 중국이 180만 명으로 가장 많고, 인도(100만명)와 미국(23만명)이 뒤를 잇는다. 한국도 대기 오염으로 인한 조기 사망자가 4만명에 달한다는 추산이다. 대기오염을 비롯한 환경만 문제는 아니다. 지난해부터는 신종 코로나바이러스 감염증(코로나19) 사태로 인해 청년 취업난이 추가됐다. 또 개발도상국 시각장애인의 단 3% 만이 점자 문해가 가능하다는 통계도 있다. 이들은 모두 현재 인류가 당면하고 있는 사회 문제들이다. 사회문제의 발생 속도는 빨라지는데, 해결 속도는 이를 쫓아가지 못하고 있다.

기업의 비즈니스 모델 혁신은 이런 '사회문제'로 부터 시작해야 한다는 지적이 높아지고 있다. 이해 관계자들이 겪고 있는 사회문제를 파악하고 이를 해결하는 과정을 통해 새로운 매출과 이익을 일으킬 수 있어야 한다는 것이다. 올해 우리나라는 물론 글로벌 기업들 사이에서 ESG(환경·사회·지배구조) 경영에 대한 관심이 부쩍 높아진 이유다. 과거의 기준에서 볼 때 ESG는 사실 지극히 비(非)재무적 요소들이다. 하지만 ESG에 대한 관심은 꾸준히 커지고 있다. 최근엔 기업 입장에서 ESG 경영에 대한 관심은 이세 선택이 아닌 필수라고 해도 과언이 아니다. 한 예로 미국 애플은 '2030년까지 전 세계 제조 공급망에서 탄소 중립화 100% 달성'을 천명했다. 애플과 거래를 원하는 기업은 탄소배출량 축소는 불가피한 상황이란 얘기다. 여기에 미국 마이크로소프트와 독일 메르세데스벤츠 아게(AG), 프랑스 다농 등 9개 기업은 탄소 배출량 제로화를 위한 컨소시엄을 결성했다. 글로벌 투자자의 투자 기준도 바뀌고 있다. 세계 최대의 자산운용사인 블랙록은 투자 결정에서 '환경 지속성' 같은 ESG 관련 사항들을 기준으로 삼겠다고 지난해 1월과 3월 주주 서한을 통해 밝힌 바 있다.

우리 기업들도 새로운 환경 변화에 발 빠르게 대응 중이다. 삼성전자는 글로벌 반도체 업계 최초로 영국 카본 트러스트로부터 용수 사용량 절감 노력을 인정받았다. 2019년에만 약 104만t(약 20만명 한 달 치 사용분)의 물을 아꼈다. 반도체부문에 지속경영사무국을 신설하고 친환경 리더십 확보를 위해 노력 중이다. 현대차그룹 정의선 회장은 '신성장동력으로의 대전환'이란 목표를 제시했다. ▶친환경 시장 지배력 확대와 ▶미래기술 역량 확보 등을 통해 글로벌 경쟁력을 강화하겠단 것이다. 최근 발표한 전기차 전용 플랫폼 E-GMP를 통해 더 편리하고 안전할 뿐 아니라 매력적인 친환경 이동수단을 만들겠다는 비전도 내놓았다.

SK그룹은 글로벌 팬데믹 위기를 ESG 경영으로 극복해 나간다는 목표다. SK그룹은 지난해 말 한국 최초로 'RE100'에 가입을 확정하는 등 최근 'ESG 경영'을 통한 딥체인지(Deep Change, 근본적 혁신)에 힘을 쏟고 있다. RE100에 가입한 기업은 2050년까지 사용전력량 100%를 풍력, 태양광 등 재생에너지 전력으로 조달해야 한다. LG전자는 높은 에너지 효율과 성능을 갖춘 제품을 속속 선보이고 있다. 기술력을 인정받아 지난해엔 '2020 대한민국 올해의 녹색상품'에서 최고 권위의 '녹색마스터피스상'을 받았다. 또 2030년까지 탄소중립을 실천하는 '탄소중립 2030'을 선언했다. 계열사인 LG화학도 지난해 국내 화학 업계 최초로 '2050 탄소중립 성장'을 핵심으로 하는 지속 성장(Sustainability) 전략을 발표했다.

올해 초엔 국제 신용평가사인 무디스의 글로벌 ESG 평가에서 한국을 전체 5개 등급 가운데 최고인 1등급으로 평가했다. 미국은 2등급, 중국과 일본은 3등급이다. 평가대상 144개 국가 중 1등급을 받은 나라는 한국·독일·스위스 등 11개 국가다. 정광호 서울대 행정대학원 교수는 "ESG란 결국 기업뿐 아니라 정부와 국민까지 힘을 합쳐 나아가야 할 장기적 숙제"라며 "단순히 재무적 차원의 이익을 넘어 사회 전반에 미치는 효용으로 관점을 더 넓혀가야 한다"고 조언했다.

* 출처 : 중앙일보 2021년 2월 26일
https://news.joins.com/article/24000604#none

1) 용어정리

• 개발도상국 :

• 비재무적 :

• 탄소 중립 :

• 천명 :

• 주주 :

• 서한 :

• 팬데믹 :

• 지속 성장 :

• 효용 :

2) 요약

3) 느낀점

4) ESG경영이란?

03

신문에서 정보 얻는 법

MISSION 신문에서 정보 얻는 법에 대해 알아보자

- 상사와 관련된 기사를 찾아라
- 의도를 가지고 읽어라
- 기사의 이면을 파악하라
- 기사의 변화를 파악하라
- 단서가 되는 말을 결정하라
- 한번만 보고 버리지 말라
- 광고에 주의하라
- 데이터류는 모두 정리해 둔다
- 정리는 스스로 해라
- 신문사도 정보 소스이다
- 주목해야 할 기사는?

주목해야 할 신문 기사

! 거래선 관련 기사

- 세미나 개최건
- 상사 거래선의 최근 동향
- 동창회 소식
- 관공서 인사 이동

03 지난 주말 뉴스 동향을 보고서 형식으로 작성해 보도록 하자. 작성요령은 다음과 같다.

① 커버가 있어야 함 (제목은 <주말 뉴스 동향> / 작성자 이름 밝힐 것)

② 목차 완성

③ 기사는 인터넷 신문을 이용하고 정치, 경제, 스포츠, 사회, 세계 등 최소 5개 분야의 기사를 선별하여 신도록 한다.

④ 신문사는 각기 다른 신문사를 택해도 되지만 모든 기사에는 출처를 반드시 밝혀야 한다.

TIP!

Q : 신문을 효율적으로 보는 방법이 있을까요?

A : 네 있습니다. 아래의 사항을 참고해 주세요~

· 시간이 없을 때에는 기사의 제목만이라도 톱 기사부터 읽도록 한다.

· 단신은 짤막한 기사를 말하는데 이는 사건이나 사고를 단순 보도하는 기사일 가능성이 크다.

· 신문의 사설 및 칼럼은 각 신문사의 성향에 따라 같은 내용이라 하더라도 다른 의견을 보일 때가 많다.

04 다음의 내용을 오늘 날짜 신문에서 찾아보자. 또한 다음의 정보는 신문 몇 면에 있는가?

① 오늘의 환율은?

② 오늘의 종합주가지수는?

③ 오늘의 경제기사 중 가장 주요뉴스는?

④ 오늘의 부고 및 결혼소식에 대한 내용?

⑤ 오늘날짜의 인사이동 내용을 아래에 기입해보자.

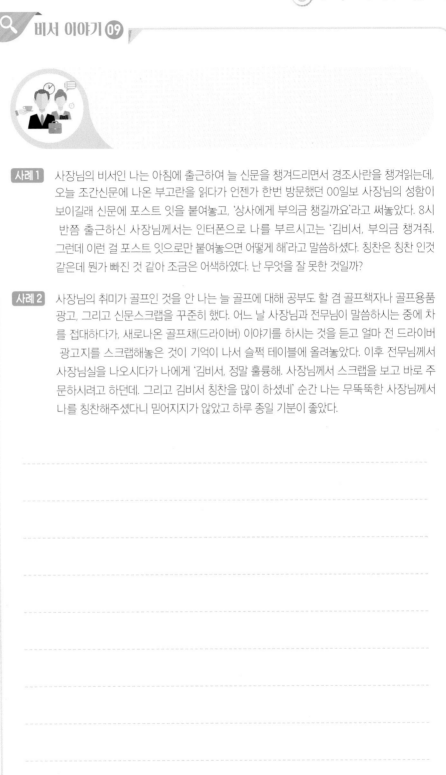

장깐, 이런 경우도 있어요!

비서 이야기 ⑨

사례 1 사장님의 비서인 나는 아침에 출근하여 늘 신문을 챙겨드리면서 경조사란을 챙겨읽는데, 오늘 조간신문에 나온 부고란을 읽다가 언젠가 한번 방문했던 OO일보 사장님의 성함이 보이길래 신문에 포스트 잇을 붙여놓고, '상사에게 부의금 챙길까요'라고 써놓았다. 8시 반쯤 출근하신 사장님께서는 인터폰으로 나를 부르시고는 '김비서, 부의금 챙겨줘. 그런데 이런 걸 포스트 잇으로만 붙여놓으면 어떻게 해'라고 말씀하셨다. 칭찬은 칭찬인것 같은데 뭔가 빠진 것 같아 조금은 어색하였다. 난 무엇을 잘 못한 것일까?

사례 2 사장님의 취미가 골프인 것을 안 나는 늘 골프에 대해 공부도 할 겸 골프책자나 골프용품 광고, 그리고 신문스크랩을 꾸준히 했다. 어느 날 사장님과 전무님이 말씀하시는 중에 차를 접대하다가, 새로나온 골프채(드라이버) 이야기를 하시는 것을 듣고 얼마 전 드라이버 광고지를 스크랩해놓은 것이 기억이 나서 슬쩍 테이블에 올려놓았다. 이후 전무님께서 사장님실을 나오시다가 나에게 '김비서, 정말 훌륭해. 사장님께서 스크랩을 보고 바로 주문하시려고 하던데. 그리고 김비서 칭찬을 많이 하셨네' 순간 나는 무뚝뚝한 사장님께서 나를 칭찬해주셨다니 믿어지지가 않았고 하루 종일 기분이 좋았다.

Chapter **11**

공문서 업무

01

공문서

02

사내문서란?

03

사내문서 작성 요령

04

사내문서의 종류

05

사내문서의 기타 형식

06

사외문서의 의의 및 종류

07

사외문서의 작성 요령

공문서 · 사내문서 이해 및 작성법 · 전자결재문서 작성법 ·

사외문서 이해 및 작성법

 **학습
목표**   사내 문서와 사외 문서의 의미와 종류를 알고, 작성요령에 따라 여러가지 공문서를 작성해 보자.

01
공문서

공문서는 행정기관 내부 또는 행정기관 상호간, 행정기관에서 대외적으로 공무상 작성 및 시행된 문서와 행정기관에서 접수한 모든 문서를 말하며, 일반적으로 기업이나 행정기관에서 사용하는 모든 문서를 의미한다.

본 내용과 양식은 행정안전부 공문서 작성 변경안내(2017.11.1.) 및 참고자료에서 발췌 및 편집 사용했음.

■ 행정 효율과 협업 촉진에 관한 규정 시행규칙 [별지 제1호서식] <개정 2016. 7. 11.>

행 정 기 관 명

수신자

(경유)

제 목

발 신 명 | 의직인 |

기안자 직위(직급) 서명　　　　검토자 직위(직급) 서명　　　　　결재권자 직위 (직급) 서명

협조자

시행　　　처리과명-연도별 일련번호　　　　접수　　　처리과명-연도별 일련번호
　　　　（시행일）　　　　　　　　　　　　　　　　　（접수일）

우　　　도로명주소　　　　　　　　　　/ 홈페이지 주소

전화번호(　)　　　팩스번호(　)　　/ 공무원의 전자우편주소　　　/ 공개 구분

210mm×297mm(백상지 80g/㎡)

■ <공문서 기안문 작성법> 2017년 11월 1일 개정

⚙ 문서는 왼쪽부터 시작한다

현 행	개 선
수신 행정안전부장관 ·	수신 행정안전부장관
<u>제목</u>vv◯◯◯◯◯◯	<u>제목</u>vv◯◯◯◯◯◯
vvvvvv1.<u>v</u>◯◯◯◯◯◯◯◯◯◯	1.<u>v</u>◯◯◯◯◯◯◯◯◯◯◯◯
◯◯◯◯◯◯◯◯◯◯◯	◯◯◯◯◯◯◯◯◯◯◯
vvvvvvvv가.<u>v</u>◯◯◯◯◯◯◯	vv가.<u>v</u>◯◯◯◯◯◯◯◯◯◯
◯◯◯◯◯◯◯◯	◯◯◯◯◯◯◯◯◯◯
vvvvvvvvvv1)<u>v</u>◯◯◯◯◯◯	vvvv1)<u>v</u>◯◯◯◯◯◯◯◯◯
vvvvvv2.<u>v</u>◯◯◯◯◯◯◯◯	2.<u>v</u>◯◯◯◯◯◯◯◯◯◯◯
◯◯◯◯◯◯◯◯◯◯	◯◯◯◯◯◯◯◯◯◯

⚙ 항목의 구분

1) 항목의 표시

문서의 내용을 둘 이상의 항목으로 구분할 필요가 있으면 다음 구분에 따라 그 항목을 순서대로 표시하되, 필요한 경우에는 □, ◯, -, • 등과 같은 특수한 기호로 표시할 수 있다(규칙 제2조제1항).

구 분	항 목 기 호	비 고
첫째 항목	1., 2., 3., 4., …	둘째, 넷째, 여섯째, 여덟째 항목의 경우, 하., 하), (하), ㉠ 이상 계속되는 때에는 거., 거), (거), ㉺, 너., 너), (너), ㉻… 로 표시
둘째 항목	가., 나., 다., 라., …	
셋째 항목	1), 2), 3), 4), …	
넷째 항목	가), 나), 다), 라), …	
다섯째 항목	(1), (2), (3), (4), …	
여섯째 항목	(가), (나), (다), (라), …	
일곱째 항목	①, ②, ③, ④, …	
여덟째 항목	㉮, ㉯, ㉰, ㉱, …	

2) 표시위치 및 띄우기

• 첫째 항목기호는 왼쪽 처음부터 띄어쓰기 없이 바로 시작한다.
• 둘째 항목부터는 상위 항목 위치에서 오른쪽으로 2타씩 옮겨 시작한다.
• 항목이 한줄 이상인 경우에는 항목 내용의 첫 글자에 맞추어 정렬한다.
  (예 Shift+Tab 키 사용)
• 항목기호와 그 항목의 내용 사이에는 1타를 띄운다.

• 하나의 항목만 있는 경우에는 항목기호를 부여하지 아니한다.

수신ⅤⅤ○○○장관(○○○과장)

(경유)

제목ⅤⅤⅤ○○○○○

1.Ⅴ○○○○○○○○○

ⅤⅤ가.Ⅴ○○○○○○○○

ⅤⅤⅤⅤ1)Ⅴ○○○○○○○

ⅤⅤⅤⅤⅤⅤ가)Ⅴ○○○○○○○

ⅤⅤⅤⅤⅤⅤⅤⅤ(1)Ⅴ○○○○○○

ⅤⅤⅤⅤⅤⅤⅤⅤⅤⅤ(가)Ⅴ○○○○○○

2.Ⅴ○○○○○○○○○○○○○○○○○○○○○○

○○○○○○○○○○○○○○

※ 2타(ⅤⅤ 표시)는 한글 1자, 영문·숫자 2자에 해당함

3) 법령에 따른 작성규정

제7조(문서 작성의 일반원칙)

① 문서는 「국어기본법」 제3조제3호에 따른 어문규범에 맞게 한글로 작성하되, 뜻을 정확하게 전달하기 위하여 필요한 경우에는 괄호 안에 한자나 그 밖의 외국어를 함께 적을 수 있으며, 특별한 사유가 없으면 가로로 쓴다.

② 문서의 내용은 간결하고 명확하게 표현하고 일반화되지 않은 약어와 전문용어 등의 사용을 피하여 이해하기 쉽게 작성하여야 한다.

③ 문서에는 음성정보나 영상정보 등이 수록되거나 연계된 바코드 등을 표기할 수 있다.

④ 문서에 쓰는 숫자는 특별한 사유가 없으면 아라비아 숫자를 쓴다.

⑤ 문서에 쓰는 날짜는 숫자로 표기하되, 연·월·일의 글자는 생략하고 그 자리에 마침표를 찍어 표시하며, 시·분은 24시각제에 따라 숫자로 표기하되, 시·분의 글자는 생략하고 그 사이에 쌍점을 찍어 구분한다. 다만, 특별한 사유가 있으면 다른 방법으로 표시할 수 있다.

⑥ 용지는 특별한 사유가 없으면 (가로 210mm X 세로 297mm) 직사각형 용지로 한다.

제2조(공문서 작성의 일반원칙)

① 공문서(이하 "문서"라 한다)의 내용을 둘 이상의 항목으로 구분할 필요가 있으면 그 항목을 순서(항목 구분이 숫자인 경우에는 오름차순, 한글인 경우에는 가나다순을 말한다)대로 표시하되, 상위 항목부터 하위 항목까지 1., 가., 1), 가), (1), (가), ①, ㉮의 형태로 표시한다. 다만, 필요한 경우에는 □, ○, -, · 등과 같은 특수한 기호로 표시할 수 있다.

② 문서에 금액을 표시할 때에는 「행정 효율과 협업 촉진에 관한 규정」(이하 "영"이라 한다) 제7조제4항에 따라 아라비아 숫자로 쓰되, 숫자 다음에 괄호를 하고 다음과 같이 한글로 적어야 한다.

(예 금113,560원(금일십일만삼천오백육십원))

* 출처 : 행정안전부 공문서 작성 변경 안내(2017. 11. 1)

문서의 종류와 작성법

문서의 종류 및 작성방법(제2조 관련)

종 류	작성방법	문서번호
법규문서	조문형식에 따라 작성	누년 일련번호
지시문서		
훈령*	조문형식 또는 별지 제1호서식의 시행문형식에 따라 작성 (* 상급기관이 하급기관에 대하여 장기간에 걸쳐 그 권한의 행사를 일반적으로 지시하기 위하여 발하는 명령)	누년 일련번호
지시*	시행문형식에 따라 작성 (* 상급기관이 직권 또는 하급기관의 문의에 의하여 하급기관에 개별적·구체적으로 발하는 명령)	연도표시 일련번호
예규*	조문형식이나 시행문형식에 따라 작성 (* 행정업무의 통일을 기하기 위하여 반복적 행정업무의 처리기준을 제시하는 법규문서가 아닌 문서)	누년 일련번호
일일 명령*	시행문형식이나 별지 제2호서식의 회보형식 등에 따라 작성 (* 당직·출장·시간외근무·휴가 등 일일업무에 관한 명령)	연도별 일련번호
공고문서		
고시*	(* 법령이 정하는 바에 따라 일정한 사항을 일반에게 알리기 위한 문서)	연도표시 일련번호
공고*	(* 일정한 사항을 일반에게 알리는 문서)	
비치문서	카드, 대장 등으로 작성	
민원문서·일반문서	시행문형식 등에 따라 작성	
회보*	회보형식에 따라 작성 (* 행정기관의 장이 소속 공무원이나 하급기관에 업무연락·통보 등 일정한 사항을 알리려는 경우에 사용하는 문서)	연도별 일련번호
보고서*	특별한 사유가 없으면 별지 제1호서식이나 별지 제2호서식에 따라 작성 (* 특정한 사안에 관한 현황 또는 연구·검토결과 등을 보고하거나 건의하는 때에 사용하는 문서)	

※ 문서번호

1. 누년 일련번호 : 연도구분과 관계없이 여러 해 계속되는 일련번호

2. 연도별 일련번호 : 연도별로 구분하여 매년 새로 시작되는 일련번호로서 연도표시가 없는 번호

3. 연도표시 일련번호 : 연도표시와 연도별 일련번호를 붙임표(-)로 이은 번호

[별표 2] 관인생략이나 서명생략 표시(제10조제4항 관련)

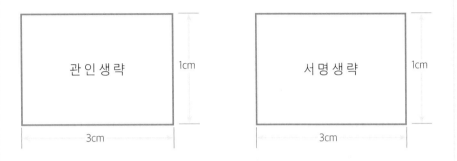

[별표 3] 접수인(제14조제5항 관련)

※ 접수란의 크기는 기관에 따라 적절하게 조정하여 사용

※ 기재요령

1. 접수등록번호는 처리과명과 일련번호를 기재한다.
   (예 행정제도과인 경우 : 행정제도과-23)

2. 괄호 안에는 접수일자를 기재한다. 민원문서 등 시·분까지 기재가 필요한 경우에는 시·분까지 기재한다.
   (예 2011. 7. 10. 또는 2011. 7. 10. 14:23)

■ 행정 효율과 협업 촉진에 관한 규정 시행규칙 [별지 제1호서식] <개정 2016. 7. 11.>

행 정 기 관 명

수신자
(경유)
제　목

발 신 명 의직인

기안자 직위(직급) 서명　　　검토자 직위(직급) 서명　　　　　결재권자 직위 (직급) 서명

협조자

시행　　처리과명-연도별 일련번호　　　　접수　　처리과명-연도별 일련번호
　　　（시행일）　　　　　　　　　　　　　　　（접수일）

우　　도로명주소　　　　　　　　/ 홈페이지 주소

전화번호(　　)　　　팩스번호(　　)　　/ 공무원의 전자우편주소　　　/ 공개 구분

210mm×297mm(백상지 80g/㎡)

작성방법

(이 난은 서식에 포함하지 아니함)

1. 행정기관명 : 그 문서를 기안한 부서가 속한 행정기관명을 기재한다. 행정기관명이 다른 행정기관명과 같은 경우에는 직근 상급 행정기관명을 함께 표시할 수 있다.

2. 수신 ( ) : 수신자명을 표시하고 그 다음에 이어서 괄호 안에 업무를 처리할 보조 · 보좌기관의 직위를 표시하되, 그 직위가 분명하지 않으면 ○○업무담당과장 등으로 쓸 수 있다. 다만, 수신자가 많은 경우에는 두문의 수신란에 "수신자 참조"라고 표시하고 결문의 발신명의 다음 줄의 왼쪽 기본선에 맞추어 수신자란을 따로 설치하여 수신자명을 표시한다.

3. (경유) : 경유문서인 경우에 (경유)란에 "이 문서는 경유기관의 장은 ○○○ (또는 제1차 경유기관의 장은 ○○○, 제2차 경유기관의 장은 ○○○)이고, 최종 수신기관의 장은 ○○○입니다."라고 표시하고, 경유기관의 장은 제목란에 "경유문서의 이송"이라고 표시하여 순차적으로 이송하여야 한다.

4. 제목 : 그 문서의 내용을 쉽게 알 수 있도록 간단하고, 명확하게 기재한다.

5. 발신명의 : 합의제 행정기관 또는 행정기관의 장의 명의를 기재하고, 보조기관 또는 보좌기관 상호간에 발신하는 문서는 그 보조기관 또는 보좌기관의 명의를 기재한다. 시행할 필요가 없는 내부결재문서는 발신명의를 표시하지 않는다.

6. 기안자 · 검토자 · 협조자 · 결재권자의 직위/직급(직급의 경우에는 각급 행정기관이 6급 이하 공무원의 직급을 대신하여 사용할 수 있도록 정한 대외직명을 포함한다. 이하 이 서식에서 같다.) : 직위가 있는 경우에는 직위를 온전하게 쓰고, 직위가 없는 경우에는 직급을 온전하게 쓴다. 다만, 기관장과 부기관장의 직위는 간략하게 쓴다.

7. 시행 처리과명-일련번호(시행일자) 접수 처리과명-일련번호(접수일자) : 처리과명(처리과가 없는 행정기관은 10자 이내의 행정기관명의 약칭)을 기재하고, 일련번호는 연도별 일련번호를 기재하며, 시행일자와 접수일자란에는 연월일을 각각 온점(.)을 찍어 숫자로 기재한다. 다만, 민원문서인 경우로서 필요한 경우에는 시행일자와 접수일자란에 시 · 분까지 기재한다.

8. 우 주소 : 우편번호를 기재한 다음, 행정기관이 위치한 도로명 및 건물번호를 기재하고 사무실이 위치한 층수와 호수를 괄호안에 기재한다. (예 우110-034 서울특별시 종로구 세종대로 209 정부중앙청사(11층 1104호))

9. 홈페이지 주소 : 행정기관의 홈페이지 주소를 기재한다. (예 www.mopas.go.kr)

10. 전화( ) 팩스( ) : 전화번호와 팩스번호를 각각 기재하되, ( )안에는 지역번호를 기재한다. 기관 내부문서의 경우는 구내 전화번호를 기재한다.

11. 공무원의 공식 전자우편주소 : 행정기관에서 공무원에게 부여한 전자우편 주소를 기재한다.

12. 공개구분 : 공개, 부분공개, 비공개로 구분하여 표시한다. 부분공개 또는 비공개인 경우에는 「공공기록물 관리에 관한 법률 시행규칙」 제18조에 따라 "부분공개( )" 또는 "비공개( )"로 표시하고, 「공공기관의 정보공개에 관한 법률」 제9조제1항 각 호의 번호 중 해당 번호를 괄호 안에 표시한다.

13. 관인생략 등 표시 : 발신명의의 오른쪽에 관인생략 또는 서명생략을 표시한다.

※ 기안자 검토자 및 결재권사(식위/직급) 서명 : "기안자 · 검토자 및 결재권자"의 용어는 표시하지 아니하고, 기안자 · 검토자 및 결재권자의 직위/직급을 쓰고 서명한다.

※ 협조자(직위/직급) 서명 : "협조자"의 용어를 표시한 다음, 이어서 직위/직급을 쓰고 서명한다.

※ 전결 및 서명표시 위치 : 행정업무의 효율적 운영에 관한 규정 제10조제2항 및 동 규정 시행규칙 제7조제2항의 규정에 의하여 결재권이 위임된 사항을 전결하는 경우에는 행정기관의 장의 결재란을 설치하지 아니하고 전결하는 자의 서명란에 "전결"표시를 한 후 서명한다.

※ 대결 및 서명표시 위치 : 행정업무의 효율적 운영에 관한 규정 제10조제3항 및 동 규정시행규칙 제7조제3항의 규정에 의하여 대결하는 경우에는 대결하는 사람의 서명란에 "대결" 표시를 하고 서명하며, 위임전결사항을 대결하는 경우에는 전결하는 사람의 서명란에 "전결" 표시를 한 후 대결하는 사람의 서명란에 "대결" 표시를 하고 서명하여야 한다. 이때 행정기관의 장의 결재란은 설치하지 않는다.

※ 발의자(★) · 보고자(◉)의 표시는 직위 또는 직급 앞 또는 위에 한다.

* 출처 : 행정안전부 공문서 작성 변경 안내(2017. 11. 1)

02
사내문서란?

MISSION **사내 문서의 의미와 작성요령을 배우자**

사내문서란 회사 내에서 부서간의 연락 및 통지 등을 위해 쓰이는 문서를 의미한다. 작성할 때는 효율적인 업무와 신속한 처리를 위해 의례적인 표현은 생략하고 간결한 형식과 내용으로 작성함을 원칙으로 한다. 사내문서의 구성은 두문, 본문, 결문으로 이루어진다.

- 두문 : 문서번호, 발신날짜, 수신자(부서/직위/성명), 발신자(부서/직위/성명)
- 본문 : 제목, 내용(목적, 진행과정 및 방법)
- 결문 : 첨부, 담당자명

03
사내문서 작성 요령

- 사안이 생길 때 마다 즉시 작성
- 알기 쉽고 정확한 문장을 이용하여, 간결하게 작성
- 첫머리는 보통 생략하고 사외문서와 달리 약호, 약칭 등을 필요시 적극 활용
- 해당부서와 책임자, 업무진행 경로, 수신자, 결재라인 등을 정확하게 작성

TIP!

Q : 문서의 종류에는 무엇이 있을까요?

A : 문서의 종류는 다양하며 분류법에 의해 세부적으로 나뉘어 집니다.

그중 대표적인 문서의 종류로는 작성주체에 의해 분류되어 지는 문서들과 유통대상에 의해 분류 되어 지는 종류들이 있답니다.

- 작성주체에 의한 분류 : 공문서 / 사문서
- 유통대상에 의한 분류 : 사내문서 / 사외문서 / 전자문서

⬯ 사내 문서의 (예)

발 신 기 관 명

수 신
(경유)
제 목

---

1. (본문내용) ~~~~~~
   ~~~~~~~~~~~~~~~~.
2. ~~~~~
   가. ~~~~~
      1)
      2)
   나. ~~~~~

붙임   1. 파일명 O부.
       2. 파일명 O부. 끝.

발 신 명 의 ┃ 직 인 생 략

수신자   OOO, OOO, OOO.

기안자 직위(직급) 서명   검토자 직위(직급) 서명   결재권자 직위 (직급) 서명

협조자

시행   처리과명-연도별 일련번호   처리과명-연도별 일련번호
        (시행일)   접수   (접수일)

우   도로명주소   /   홈페이지 주소

전화번호(   )   팩스번호(   )   /   공무원의 공식 전자우편주소   /   공개 구분

사내 문서 작성의 팁 조금 더 알아보자

⚙ 수신기관

- 수신기관이 2개 이상의 기관일 경우에는 수신란에 "수신자(수신처) 참조"라고 기재한 후 결문의 발신명의란 아래 수신자란을 만들어 수신자 기호 또는 수신기관명을 표시한다.
- 수신기관 사이는 컴마(,)로 구분하고 최종 수신기관을 타이핑 한 후에는 마침표(.)를 찍는다.

⚙ 수신자명에 붙이는 경칭

- 관공서나 회사 등의 단체인 경우 : 귀중(貴中)
  (예 대한물산 주식회사 귀중)
- 직명 또는 개인명을 붙인 직함의 경우 : 귀하(貴下)
  (예 영업부장 귀하, 송요섭 총무과장 귀하)
- 다수의 개인이나 법인으로 같은 문서를 발송할 경우 : 각위(各位), 제위(諸位)
  (예 주주 각위, 조합원 제위)

⚙ 공문서의 "끝" 표시

- 첨부물이 없을 경우 본문이 끝나면 한 자를 띄우고 표시한다.
- 첨부물이 있을 경우 첨부의 표시 끝에 한 자 띄우고 표시한다.
- 도표의 칸을 모두 사용한 경우에는 칸 밖의 왼쪽 아래에 "끝." 표시

제 품	단 가	주문량	금 액
A	20,000	100	2,000,000
B	10,000	50	500,000
C	35,000	10	350,000

끝.

- 도표의 중간에서 끝나는 경우에는 기재사항 마지막 자 다음 줄에 "이하 빈칸"을 표시

제 품	단 가	주문량	금 액
A	20,000	100	2,000,000
B	10,000	50	500,000
C	35,000	미정	

이하 빈칸

04

사내문서의 종류

사내 문서의 종류에 대해 알아보자

사내문서는 크게 보고문서(상업보고서)와 연락문서(전달문서)로 나누어 진다.

⚙ 보고문서

- 상사/상급 부서에 업무에 관하여 일의 내용이나 결과를 전달하는 의사소통수단
- 직원간의 의사소통의 매개가 되어 업무의 효율을 높히는 역할

❗ 종 류

- 정보보고서 : 정보제공보고서, 일일/월간보고서, 정보분석보고서
- 제안서 / 출장보고서 / 진전보고서 / 회의록 / 요약문 / 서류보관목적보고서

⚙ 연락문서(전달문서)

- 조직이나 부문 간의 커뮤니케이션을 긴밀하게 하는 역할
- 조목별로 짧고 간결하게 작성
- 결론부터 쓰며, 회신이 필요하면 반드시 담당자를 명기
- 전언문(메모) : 전화메모도 이에 속함

❗ 종 류

- 게시문 : 최근에는 웹문서로 사내 인트라넷이나 인터넷 홈페이지를 이용해 게시문을 올리는 경우가 늘고 있음
- 회람문
- 통지문 / 안내문 : 회사 내의 실시사항이나 업무 전달 사항을 일방적으로 알리는 문서
- 조회문 : 타부서에 대해 의문점이나 알고 싶은 사항을 문의하는 내용의 문서
- 의뢰문 : 상대방의 호의에 기대하여 무건가를 해 주기를 바라는 문서

Q : 게시문과 회람문의 차이좀 알려주세요!

A : 게시문은 광범위한 사람들에게 알려서 권유하는 문서이고 회람문은 특정 범위의 사람들에게게만 읽힐 목적으로 각 부서 혹은 한 부서 전원에게 읽도록 하기 위해 작성하는 문서입니다.

✍ 사내문서 (예 1) : 출장보고서

보고자 : 기획실 과장 김철수 　　　　　　　　　　○○○○년 11월 29일 월요일

출 장 보 고 서

1. 출장지 : 대구시 소재 주유소 대리점

2. 기간 : ○○○○ 11월 19일(월) ~ 11월 26일(금) (5일간)

3. 동행자 : 영업 1팀 대리 이진만, 판매 2부 대리 박동영

4. 목적 : 대리점의 고급 휘발류◆◆◆의 매출실태 조사 및 판촉 계획 검토

5. 보고사항

　가. 매출상황

　　1) 신제품 ◆◆◆은 50대 중년층을 주고객으로 비교적 단기간에 집중적으로 판매되었음

　　2) 주유소의 입지에 따라 매출액이 큰 차이를 보였음
　　　고속도로 ◆◆◆ 제품을 구비한 주유소는 예상외로 판매실적이 저조했고, 이에 비해 아파트 단지의 주유소는 판매 증가 추세를 보였으며 일부 대리점에서는 품절 사태까지 발생됨

　나. 매출액에 격차가 생긴 원인
　　고속도로 옆 주유소와 아파트 근처 주유소의 매출액의 차이는 고속도로 진입하는 차량은 급히 주유를 하는 손님이 대부분이었으나, 아파트근처의 주유소는 주 고객이 아파트 주민으로 고급 아파트일수록 고급 휘발류를 선호하는 경향이 두드러졌기 때문인 것으로 판단됨

　다. 대책

　　1) 주유소 마다 정확한 판매 상황 조사가 요구됨

　　2) 이번 판매 실적 조사를 기초로 휘발류 배정량을 조절함

　　3) 주고객인 중년층에게 맞추어 디스플레이, 광고지 기타 판촉자료의 디자인을 새롭게 구상함

　　4) 일년동안 꾸준한 판매를 위한 판촉지원을 충분히 준비할 것

첨부 1. ◆◆◆ 판매 주유소 리스트 1부
　　 2. 고속도로 옆 주유소 및 아파트근처 주유소의 ◆◆◆ 매출현황 조사서 1부. 끝.

이　상

01 다음의 내용을 기초로 출장보고서를 작성해보자 (혼합그래프 활용)

> 제시 (주) 기획실 팀장(본인이름)은 미국에 본사를 둔 The First Outlet Mall 의 국내 입점을 추친 하기 위해 The First Outlet 미국 본사 및 일본을 방문 시장 조사 하였다. 이 후 The First Outlet 아울렛 시장의 해외 동향과 국내시장 전망을 위한 보고서를 작성 중이다. 출장은 ○○○○년 3월 2일부터 동년 3월 21일까 지였으며 업무 공조를 위해 해외사업팀 김충만 대리, 이찬미 대리, 해외마케팅팀 유은희 대리와 함께 다녀왔다. 출장 보고서(제목 : The First Outlet 아울렛 시장의 해외 동향과 국내시장 전망을 위한 보고서) 내용은 아래 내용을 참고하여 작성하라.

📰 내용

국내 명품시장은 해를 거듭할수록 그 규모가 눈에 띠게 커지고 있다. 전년도 국내 명품 매출은 1조 3천억원에서 현재년도 3조 8천억원 규모의 시장으로 성장했으며 내년에는 9조원의 시장이 될 것으로 전망된다. 현재 국내 유통시스템 관련 현황을 보면 할인점 이 약 23조원을 차지하고 그 뒤를 이어 백화점 약 17조원, 무점포 약 15조원, 슈퍼마 켓 약 7.4조원, 및 아울렛 약 7조원을 각각 차지하고 있다. 그 중 패션영역에서 아 울렛의 시장 점유율은 패션 영역 전체 22조원의 약 30% (6.6조원)를 차지하고 있으 며 특히 명품 관련 아울렛 관련해서 로데오 아울렛 한 곳의 경우 국내 명품 시장(3.8조 원)의 10% (4천억원) 매출을 차지하는 것으로 파악된다. 또한 94년 처음 등장하면서 2000년 이후 본격 성장가로에 진입하였으며, 현재 전국적으로 118개의 아울렛이 영업 중인 것으로 파악되며 지역적으로는 서울권 21개, 경기도권 56개, 충청권 8개, 호남권 7 개, 영남권 19개, 강원도 7개가 영업중인 것으로 조사된다. 하지만 대부분의 경우 중소 업체 위주의 Mall형, 공장형으로 주로 영업 중이고 보통 대형 시행사 분양위주로 이뤄서 있다.

해외 아울렛 브랜드 중 미국 The first outlet 경우 연간 약 1,500만명 이상의 쇼 핑 관광객이 방문, 연 매출 약 6,000억원을 기록했으며 세계 최초의 아울렛으로 미국 의 주요 관광명소 중 하나로서 최상의 럭셔리 브랜드를 최저의 가격으로 소비자에게 공급 하고 있다. 가까운 일본의 경우, 일본 The first outlet은 부지면적 107,400평에 점포면적 11,000평, 및 임점 점포 165개점 (154개 브랜드, 11개 식당)으로 이뤄졌다. 연간 약 800만명 이상의 쇼핑 관광객이 방문하고 있으며 연간 매출 약 4,500억원 이상 을 기록하고 있다. 현재 라이벌 업체인 쉬크(주)가 운영하고 있는 이천 Prime아울렛의 경우 타 아울렛과는 다른 차별성을 지니고 있는데 도시 외곽에 위치한 전원형태의 아울렛으로 주 5일 근무제 보편화에 따른 삶의 여가 시간 확대에 따른 테마형 교외 쇼핑 선호의 고객 니즈를 효과적으로 만족시켜주고 있으며 국내에 명품 패션 브랜드로 인식되고 있는 프리미엄급 브랜드만을 취급하고 있다.

따라서 국내 명품 시장의 성장 유통망의로서의 아울렛이 가지고 있는 장점 및 기존 이천 Prime 아울렛의 성공사례를 바탕으로 제2의 아울렛의 성공 가능성이 분석되며 이를 위해 보고서를 작성하고자 한다.

▶ 본 내용은 "PREMIUM 아울렛 시장의 해외 동향과 국내 전망" (주식회사 신세계) 자료를 바탕으로 재구성되었다.

✍ 사내문서 (예 2) : 연락문서(게시문)

○○○○년 4월 13일

춘계 한마음 체육대회 안내

사원 제위

신록이 푸른 오월을 맞이하여 사내단합과 업무효과 증진을 위한 ○○○○년도 춘계 한마음 체육대회를 다음과 같이 개최하게 되었습니다. 전 사원의 친목 도모를 위해 본 행사를 개최하는 만큼 한사람도 빠짐없이 참가해 주시기 바랍니다. 가족 동반도 대환영이오니, 좋은 날에 가족들과 기억에 남는 추억을 함께 만드시기 바랍니다.

다   음

가. 개최일시 : ○○○○년 5월 25일 (금) 오전 09:00 ~ 오후 17:00

나. 참석인원 : 신명그룹 전직원 약 800여명

다. 개최장소 : 올림픽 체조경기장

라. 위   치 : 지하철 2호선 잠실역 하차

마. 기타문의 : 사무지원부, 김철민 사원 (010-2222-7777) 끝.

신명그룹 사무지원부

02 다음의 내용을 기초로 사내게시문을 작성해보자.

- 발신연월일 : ○○○○년 5월 7일
- 발신 : 인사부 교육팀장 김철수
- 수신 : 각 부서 대리급 이상자
- 제목 : 각자 작성
- 내용 : 아래 참조

※ 다음의 내용을 참여 권유형 문장으로 작성한다.

본사에서는 올해 ○○명의 신입사원을 선발하고, 신입사원의 연수가 끝나는 대로 현장업무 중심의 오리엔테이션을 진행코자 한다. 이번 오리엔테이션에서는 외부의 강사진보다는 사원들의 사기진작을 위해 사내 강사진을 초빙키로 하였다. 각 부서의 대리급 이상자 중에서 사내 강사진으로서 활약하고 싶은 이들은 강의 계획서와 함께 신청해 주기 바란다. 신입사원 오리엔테이션에 대한 세부일정은 5월 29일에서 5월 31일까지 이며 궁금한 사항이나 더 자세한 사항을 알고 싶으시면 본사 교육부로 문의해 주기 바란다.

03 나는 주식회사 한국건설 대표님의 비서로 일하고 있다. 이번에 창립 30주년을 맞이하여 여러 가지 행사를 직접 생각해 보시던 사장님께서는 나에게 나눔의 의미를 실천하기 위한 바자회를 열면 어떨지 질문을 하셨다. 좋은 아이디어라는 생각이 들어 찬성의 뜻을 보이자 사장님께서는 "그럼 이번 바자회는 혜선씨가 주관해서 준비해 보도록 해봐" 라고 말씀하셨다. 지난 3년 동안 비서 업무만 해왔지 이런 업무를 맡아 본건 처음이었다. 나는 이번에야 말로 나의 숨겨져 있던 재능을 뽐낼 기회라고 생각하고 열심히 해 보겠다고 말씀드렸다.

여러분이 이 회사의 비서 혜선씨라고 생각하고 행사준비를 했다고 가정한 후 이 행사를 사내에 알리는 게시문을 작성해 보도록 하자.

05

사내문서의 기타 형식

사내문서는 회사마다 형식이 조금씩 다를 수 있다. 따라서 여러 가지 양식을 알고 있어야 하며, 회사에서 쓰는 양식에 맞추어 작성할 줄 알아야 한다.

📺 공문서 형식

- 공문서 형식을 사용한 사내문서양식
- 작성 예

발 신 기 관 명

수 신
(경유)
제 목   하계 워크샵 참가 협조에 관한 건

---

1. ○○○사업운영계획에 의거하여 하계 워크샵을 다음과 같이 개최하오니, 협조하여 주시기 바랍니다.
2. 올해는 위 워크샵이외에 추가로 진행되는 워크샵이 없으니, 참고하시기 바랍니다.
   가. 행사명: ○○○워크샵
   　1)
   　2)
   나. 주 최: 경영지원실
   　1)
   　2)
   다. 일정 및 세부계획: 붙임자료 참조

붙임　1. 행사계획서 1부.
　　　2. 진행담당자명단 1부. 끝.

발 신 명 의

직 인 생 략

수신자   총무부장, 홍보부장, 기획부장.

기안자 직위(직급) 서명	검토자 직위(직급) 서명	결재권자 직위 (직급) 서명

협조자

시행	처리과명-연도별 일련번호 (시행일)	접수	처리과명-연도별 일련번호 (접수일)

우	도로명주소	/	홈페이지 주소	
전화번호(　)	팩스번호(　)	/	전자우편주소	/	공개 구분

약식 문서

• 작성 예

문서번호   발신 년   월   일
수신자명
                                                              발신자(인)

제 목

본 문 _____

_____

다 음

1._____

첨 부 _____

                                                                        이상

                                                              담당자명(인)

비서의 경우 주로 작성하게 되는 사내문서는 출장보고서, 회의록, 전달문서 (전언문
또는 메모) 등이다.

■ 전자결재 형식

- 요즘 기업에서 쓰는 전자결재 양식을 이용한 사내문서
- 형식 : 회사마다 다르나, 일반적으로 이메일 양식처럼 작성자, 작성일자, 보존년한, 발신부서, 문서번호, 전화번호, 비밀구분, 관리책임자, 수신, 참조, 제목까지는 이미 컴퓨터 양식에 고정(setting)되어있고, 내용만 작성하게 된다.
- 작성 예

교무팀장/정영순	교무부처장/권재진	교무처장/이동한
○○○○-05-29 10 : 38	○○○○-05-29 11 : 41	○○○○-05-29 13 : 14
승인	승인	승인

작 성 자	김신명	작성일자	○○○○-05-29 10:38	보존년한	1년
발신부서	교무팀	문서번호	교무처-업연-2012-76호	전화번호	123-1231
비밀구분	이반	관리책임	교무처장/이상익		
수　　신	기계공학부, 수송기계공학부, 정보산업공학부, 컴퓨터공학부, 지구환경공학부, 건축학부, 신소재공학부, 서비스학부, 디자인학부, 어학교양부				
참　　조	기계과학과장/○○○. 기계설계과학과장/○○○. 호텔경영과학과장/○○○. 어학교양학부장/○○○				
제　　목	신규교원 충원계획 추가 및 변경 계획 제출 안내				

본문의 작성법은 공문서 작성과 동일하다.

보류 / 설명요

첨부파일	변경 서식 및 기타 첨부자료.hwp
관련문서	

06
사외문서의
의의 및 종류

사외 문서의 의의 및 종류를 알아보자

> "사외문서는 일반인이나 외부 다른 기관에 수신되는 문서"
> • 사내문서에 비해 그 내용 및 형식이 엄격
> • 종류 : 의례문서와 거래문서

의례문서

- 친분이나 거래 관계를 유지하고 있는 사람 또는 조직끼리 관계 유지에 대한 표시로서 주고받는 문서. 상호간의 인간관계를 원활하게 형성시키는 도구
- 종류 : 초대장, 안내장, 인사장, 축하장, 감사장, 위문장, 문상장, 부고장(12장 참고)

거래문서

- 기업 간에 서로 업무관계로 주고받는 문서
- 종류
  - 의뢰서 : 견본 청구서, 견적의뢰서
  - 견적서
  - 청구서
  - 통지서 : 송금통지서, 상품반송통지서
  - 거절장
  - 법률문서 : 내용증명서

07

//////////////////////////////

사외문서의
작성 요령

- 전달하고자 하는 뜻(내용과 취지)를 명확하게 작성
- 날짜, 금액, 수량, 소재지, 전화번호, 품목번호 등 숫자는 재확인 필요!
- 핵심사항은 선, 기호, 부호를 활용하여 정리
- 인사말은 간결하게 상대방에게 호감을 줄 수 있는 단어를 선택
- 상황에 맞는 표현 사용
- 주문서의 경우 조건, 즉 품명, 품질, 규격, 수량, 가격, 납기, 납입방법, 납품장소, 지급조건 기타 요구 사항을 분명하게 씀
- 복사본 보관은 필수!

✍ 사외문서 (예 1) : 송금통지서

귀사의 날로 번창하심을 기원합니다.

다름이 아니오라 지난 ○○○○년 7월 8일 자로 당사에 납품한 ◆◆제품에 대한 대금 처리에 관해 알려드리고자 합니다. ○○○○년 7월 10일자 발행의 대금 청구서로 청구하신 금액(이백칠십삼만사천삼백오십원 정)을 금일 국민은행 715302-23-387423계좌로 입금하였습니다. 입금여부를 확인하신 후 빠른 시일 내에 영수증을 발급하여 당사로 보내 주실 것을 부탁드리는 바입니다. 이에 관해 궁금하신 사항이 있으시면 당사로 언제든지 연락해 주시기 바랍니다.

TIP! 💡

★ 꼭 알아두세요 ! (수신처 작성요령) ★

- 문서를 받게 되는 수신자란에는 수신자명을 쓰고 이어서 (   )안에 수신기관에서 문서를 처리할 자의 직위를 쓴다.
- 수신 기관이 2개 이상의 기관일 경우는 수신란에 '수신자 참조'라고 기재한 후 결문의 발신명의란 아래 수신자란을 만들어 수신 기관명을 표시한다.
- 단, 수신기관이 2개 이상인 경우라도 불특정 다수 기관을 경우 이 때는 두문의 수신 부분에 표기한다. (예 수신 : 각 학교장)
- 결문에 수신처를 기재할 경우에는 수신기관들 사이는 쉼표(,)로 구분하며 마지막 수신기관 끝에는 마침표(.)를 찍는다.

✍ 사외문서 (예 2) : 견본 신청서

구매 제785호 　　　　　　　　　　　　　　　　　　○○○○년 10월 14일
서울시 양천구 목1동 60번지
　　신라 공업 주식회사
　　　　영업부 귀중

　　　　　　　　　　　　　　　　　　명신주식회사 기술사업팀
　　　　　　　　　　　　　　　　　　과장 김 남 진 (인)

견 본 청 구 서

귀사의 무궁한 발전을 기원합니다.

당사는 ◆◆장치 전문생산업체입니다. 지난 10월 8일자 신동일보 주목받는 신제품 소개
란에 보도된 귀사의 제품 기사를 읽고 이렇게 연락을 드리게 되었습니다.
귀사의 제품이 당사에 적합하다면 귀사 제품을 이용하고자 하오니 괜찮으시다면, 모델
번호 A-sdfe의 견본과 카탈로그, 가격표 등을 송부하여 주시기 바랍니다. 또한 30개 수
량의 물품을 구입한다면 할인을 받을 수 있는지도 궁금합니다. 그에 대한 예상 견적도 같
이 보내주신다면 대단히 감사하겠습니다.

　　　　　　　　　　　　　　　　　　　　　　　　　　　　　　　　　이 상

✍ 사외문서 (예 3) : 인터뷰 요청 거절장

○○○○년 3월 24일

진한일보사 귀중

윤성 주식회사

대표 최 윤 성

인터뷰 요청에 대하여

귀 신문사의 발전을 기원합니다.

지난 20일 비서실을 통해 인터뷰 요청을 해 주신 점에 대해 깊은 감사를 드립니다. 그동안 진한일보에서 저희 회사를 여러 차례 크게 보도해 주신 점 역시 잊지 않고 있습니다.

모처럼 인터뷰 제의를 해 주신 데 대하여 정말로 송구스럽게 생각하지만, 제가 신라대학에 기부를 하면서 대학 측에 여러 번 이 일을 기사화 하지 말아 주십사 요청 드린 바가 있고, 저보다 더 좋은 일을 많이 하시는 분들도 많으신데 제가 부끄럽게 이러한 일로 인터뷰에 응해 신문에 보도가 된다면 그건 저의 본래의 기부 취지와는 어긋나는 일이라고 사료되기 때문입니다.

이와 같은 점 때문에 진한일보 김택수 회장님을 비롯해 인터뷰를 요청해 주신 기자님에게 실례를 범하는 일인 줄 알지만 이렇게 이해를 부탁드립니다.

아무튼 베풀어 주신 호의에 진심으로 감사드리며 급하게 몇 자 적어 올립니다. 가까운 미래에 사업적으로 더 좋은 일로 인터뷰에 응할 기회가 왔으면 하는 바램입니다. 감사합니다.

04 아래의 내용을 참고하여 초대에 대한 거절장을 작성해보자.

- 발신 : 현대기술개발(주) 전무 조낭진

- 수신 : 대한전자 대표 하진철

- 내용 : 미래산업(주)(대표 김상만)의 창업 30주년기념 축하 리셉션 초대에 대한 거절장 작성

우리가 메모를 하는 이유는 무엇입니까?
출처 : 메모의 기술(사카토 켄지 저)

✓ 잊지 않기 위해 메모하기 보다 잊기 위해 메모한다.

✓ 순간 떠오르는 느낌과 발상을 기억하기 위해 자기 지시를 내린다.

✓ 일상생활과 업무의 진행을 도와준다.

✓ 실적을 높이기 위해

✓ 능력을 향상시키기 위해

✓ 새로운 일을 기획하기 위해

비서 이야기 ⑩

사례 T건설회사 J비서에 얽힌 이야기이다. J 비서는 평소에 무엇이든 메모 하는 아주 꼼꼼한 업무 습관을 가지고 있었다. 그러던 어느 날 전화응대를 하고 있던 중에 사장님께서 급히 찾으셔서 펜과 메모지를 챙기지 못하고 그냥 급히 사장님 방으로 들어갔다. 사장님께서는 내일 사모님께서 여수에 급히 가실 일이 생겼으니 비행기 표를 예매해 달라고 하셨다. 알겠다고 대답한 후 자리로 다시 돌아와서 전화응대를 끝내고는 또 급한 일정이 생겨서 업무를 처리 하면서 사장님의 부탁은 아예 잊어버리게 되었다. 그리고 그 다음 날 오전 7시 경 사모님의 기사 분으로부터 전화를 받고 오늘 사모님 여수행 비행기가 몇 시 비행기냐고 물어 보시는데 J비서는 정신이 혼미해 짐을 느꼈다. 다행히 그 즉시 OO항공에 전화를 걸어 표를 구해 드렸지만, 만약 당일 날 표가 없었다면 어떤 일이 벌어 졌을지 생각만 해도 아득해졌다. 그 뒤로 J비서는 어떠한 사항이든 더욱 더 꼼꼼히 메모하는 습관이 생겼다고 한다.

Chapter

12

각종 서류를 통한
업무관리

01
각종 서류를 통한
업무관리의 중요성

02
업무일지

03
팩스커버

04
영수증

05
초대장

06
감사장

07
축의/부의 봉투와 속지

08
이메일

09
정보자료 정리

10
비서의 업무
매뉴얼 만들기

각종 서류를 통한
업무관리

업무일지 / 팩스커버 / 영수증 / 초대장 / 감사장

축의 · 부의 작성법 / 이메일 / 정보자료 정리/ 비서업무 매뉴얼

학습목표 각종 서류를 통한 업무 관리의 중요성을 인식하여 관리하도록 유의사항을 숙지하고 실제 연습을 통해 각종 서류를 만들어 보도록 하자.

01

각종 서류를 통한 업무관리의 중요성

비서는 상사를 대신하여 각종 문서를 작성할 기회가 많이 있다. 이 경우, 여러 문서를 작성할 때의 유의사항을 제대로 알지 못한다면 품격있는 서류를 만들 수가 없을 것이다. 또한 업무를 수행할 때 각종 양식들을 미리 만들어 놓고 필요할 때 마다 사용한다면 업무의 흐름이 빨라지고 효율성이 높아질 것이다. 비서가 주로 사용하게 되는 서류의 종류는 다음과 같다.

> **비서가 양식을 정해놓고 사용할 각종 서류의 예**
>
> - 업무일지
> - 팩스커버
> - 영수증
> - 초대장, 감사장
> - 축의/부의 봉투와 속지
> - 이메일
> - 정보자료 정리
> - 비서업무 매뉴얼

회사나 상사를 대신하여 문서를 작성할 때 유의할 점들

- 품격 있는 문장을 사용하며 겸허한 자세를 표현
- 올바른 경어를 사용하며 자신 없는 한자어나 영어는 사용하지 않음
- 형식을 존중하며 기업 편지 용지나 백서를 사용
- 정성과 예의가 담겨 있어야 함
- 의례적인 표현의 인사말로시작하며 일반적으로 계절인사, 감사표현의 인사말을 사용

02

업무일지

업무일지의 작성요령을 알자

업무일지란, 업무의 목적, 종류, 기간에 따라 그 진행 상황을 기록하는 서식이다. 비서는 매일 진행된 업무에 관하여 업무일지를 기록함으로써 효율적인 업무 진행을 할 수 있을 뿐 아니라, 그날의 해야 할 일(things to do)과 본인이 한 일에 대해서도 정리할 수 있는 시간을 가질 수 있다.

업무일지의 종류

- 일일 업무일지 : 내용을 최대한 자세히 기록하며 시간 순서로 기입.
- 주간 업무일지 : 한 주 동안 업무의 진행상황 및 특이사항 등에 대해 핵심만을 기재.
- 월간 업무일지 : 월별로 진행된 업무를 확인하고 실적을 보고하는 형태로 작성.

업무일지의 필요성

- 업무일지를 작성하면 부서원들끼리 서로의 업무에 대해 진행 상황을 파악할 수 있어 전반적인 업무의 효율을 높일 수 있음.
- 성실한 업무일지의 작성은 회사의 입장에서는 근로자의 근무 실적을 파악할 수 있는 근거자료로도 활용이 가능하며, 근로자로서는 스스로의 업적을 돌아보며 정리할 수 있는 기회로도 활용됨.
- 충실히 작성된 일일업무일지는 근무자의 퇴사시 인수인계의 보조자료로 적극 활용됨.

📋 업무일지 작성 요령

· 핵심내용의 정확한 작성 : 업무에 관한 내용을 요약하여 알기 쉽도록 작성.

· 업무의 효율성을 높일 수 있는 서식의 활용.

· 업무의 진행 현황을 정확하게 기술.

TIP! 💡

비서의 업무일지는 필수!

· things to do는 전날 저녁에 작성

· 아침에 출근하자마자 걸려온 전화부터, 본인이 한 일을 모두 빠짐없이 적는다.

· 상사가 지시하신 일 중 해결하지 못한 일을 기억하여 빠짐없이 일하게 만들어준다.

· 방문객의 경우 차의 취향이나 내용을 적는다.

· 업무일지도 기밀! 상사와 비서의 업무를 상세히 보여주는 것임으로 기밀유지

✎ 비서의 업무일지의 (예 1)

업 무 일 지

	오늘 해야 할 일
상사	신입사원교육프로그램, 국내외국항공사 등급, 팩스(오전중) 발신, 인터넷서점/서적 조사
비서	단자/ 영수증 만들기 졸업작품전/연구발표회 초청장 만들기

■ 일시 : ○○○○년 11월 11일 목요일

시 간		지시사항	업무내용	확 인
오전	08:30		· 정미진, 주현진, 이현주, 최미선 실습실 입실	
	09:00	정성휘 교수님 전화 업무지시 - 초대장 만들기	· 주변 정리/정돈 · 오전업무보고 마무리 정리	✓
	10:00	김동헌 교수님 전화	※ 지시업무 진행사항 확인	
	10:20	정성휘 교수님 입실 ★ 불충분한 업무 수정 지시 ★ 팀과제 · 인터넷 서점/서적 조사하기	· 업무보고 및 업무지시 · 업무수정 및 보충 (단자/신입사원프로그램/국내외국항공사등급 표기법/주간일정표)	✓ ✓
	11:00	★ 개인과제 · 단자/영수증/초청장 만들기	· 태원(중국음식점) 점심식사 예약하기 · 팩스보내기 (수신 : 대한대학교 김인수 교수님)	✓
	12:15		· 팩스발송 여부 전화로 확인 · 정성휘, 최성 교수님과 점심식사 (최성 교수님 차량 이동)	✓ ✓
오후	13:00	김동헌, 정성휘 교수님 입실	· 차대접	
	13:30		· 개인) 영수증 만들기 · 팀과제) 인터넷 서점/서적 조사	
	15:00	김동헌 교수님 입실	· 업무보고 (신입사원교육 프로그램 / 대차대조표, 손익계산서)	✓ ✓ ✓
	17:00 18:00	김동헌 교수님 호출/업무지시	· 훈담 (주제 : 참다운 전문비서에 대하여) · 초청장 만들기	
	18:30 20:30	정성휘 교수님 전화	※ 내용) 금요일 오전 업무 검토 · 업무 마무리 정리	

MEMO ··

✍ 업무일지의 (예 2)

업 무 일 지 (년 월 일)	결 재	담 당	과 장	부 장	이 사	사 장
작 성 일 자		작 성 자				

시 간	업 무 내 용	면 담 자

MEMO ··

작성자 ○○○

✍ 업무일지의 (예 3)

부서명 : 작성일자 : 작 성 자 :	결 재	담 당	부서장	임 원	사 장

출 근 부	근 무 자		외 근 현 황		내 방 인

업 무 사 항	오 전 근 무		오 후 근 무		기 타
미 종 결 업 무					
결 재 사 항					
지 시 업 무					

03

팩스커버

MISSION 팩스커버의 작성요령을 알아보자

팩스는 여러 장의 문서를 여러 명에게 보낼 때 효율적으로 사용!

요즘 인터넷의 발달로 스캔한 서류를 첨부파일로 하여 이메일로 여러 수신처에 빨리 보낼 수 있지만, 여전히 팩시밀리를 이용하여 업무를 처리하는 것이 보편적이다.

유의점

- 기밀 서류를 보낼 때는 적합하지 않음.(여러 사람이 공용으로 사용)
- 여러 페이지의 문서를 보낼 때에는 송신 완료 후, 전화통화를 하여 수신 여부 확인.
- 받는 쪽이 전원을 꺼놓거나 용지를 미리 보충해 두지 않았을 경우는 수신이 불가.

팩스 커버의 작성 요령

- 내용만 보내지 말고 꼭 커버를 작성하여 함께 보냄.

🖼 팩스커버의 양식

- 보내는 사람 : 이름, 소속, 직위, 연락처

- 받는 사람 : 이름, 소속, 직위, 연락처

- 날짜

- 총 페이지 수 : (커버포함) 반드시 기재

  - 페이지 : 커버+2장 (총3장)

  - 페이지 : 커버+4장 (총5장)

  - 페이지 : 5장 (커버포함)

- 제목

- 메시지 : 받는 사람이 참고해야 할 내용을 간략히 기록
  (예 첨부문서를 확인하여 주시고 연락 주시기 바랍니다.)

TIP!

- 팩스를 이용하여 기밀문서를 보내야 할 경우 → 보내기 전에 수신하는 사람과 전화 통화를 해서 팩스 앞에서 대기하고 있을 것을 요청하고 받은 즉시 전화해 달라고 부탁 한다.

- 또한 보내는 사람은 기밀문서를 팩시밀리에 그대로 놓고 자리로 돌아오는 실수를 범하면 안된다.

✍ 팩스커버의 (예 1)

FAX COVER

수   신 :

Telephone: 커버포함 ____매

FAX   NO. :

참   조 :

발   신 :

Telephone: 전송날짜 :

FAX   NO.:

담 당 자 :

제   목 :

☐ 긴급   ☐ 검토요망   ☐ 설명요망   ☐ 답신요망   ☐ 재사용

MEMO ··

* 받으신 후, 전화(김명숙 : 032-888-7777) 바랍니다.

✐ **팩스커버의 (예 2)**

Fax cover

(주)태창 INC

인천시 남구 인하로 100

비서실

대리 조세정
☎ 032-123-8901
Fax. 032-123-4567

팩스 수신 날짜 : _____ 년 ___ 월 ___ 일
받은 시간 :
보낸 시간 :

수신자 :　　　　fax. _____ - _____ ☎ _____ - _____
발신자 :　　　　fax. _____ - _____ ☎ _____ - _____

제목 : _____

☐ 긴급　　　☐ 검토요망　　　☐ 설명요망　　　☐ 답신요망　　　☐ 지시내용

MEMO ··

총 매수 : 표지 포함 _____ 매

01 나는 대한대학 비서과 정선아교수님의 비서이며, 진성주식회사 최창민사장님에게 보고 개교기념일(4월24일) 축하행사에 참석여부를 알리는 팩스를 보내야 한다. 아래의 용지에 필요한 내용을 기입해보자.(진성회사의 전화번호나 팩스번호는 가상으로 만들어보자.)

FAX COVER

수   신 :

Telephone: 커버포함 ___매

FAX   NO. :

참   조 :

발   신 :

Telephone: 전송날짜 :

FAX   NO.:

담 당 자 :

제   목 :

☐ 긴급   ☐ 검토요망   ☐ 설명요망   ☐ 답신요망   ☐ 재사용

MEMO··

RSVP : _____

✍ 팩스 또는 문서를 받았을 때의 처리사항 (Step by step)

- point 1   수신자(봉투주소, inside address)가 우리 상사가 맞는가?

- point 2   맞다면 봉투를 개봉한 후, 일부인(stamp)를 찍고, 맞지 않다면 관련부서로
  돌려 보낸다.

- point 3   반드시 내용을 읽는다!
  내용 이해를 위해 요한 사항에 줄을 치고, 설명 및 주석을 단다.(annotation)
  내용과 관련된 정보나 서류가 있으면 찾아서 함께 드린다.

- point 4   초청장인 경우, 일정을 확인하여, 메모지를 부착하여 일정을 기입한다. 또한
  상사 결정에 필요한 정보가 있으면, 정보내용을 기입한다.
  예 그날은 임원회의가 있으십니다. 참석(   ) 불참(   ) → 결정은 상사가
      하시도록!

- point 5   상사께 전달(inbox/또는 미결함으로)

- point 6   사후처리(outgoing box/또는 결재함에서) → 이때 상사의 싸인(signa-
  ture) 확인!
  상사의 싸인이 없다면, 다시 inbox로 넣어둔다.

- point 7   일이 끝났다면 filing (회람문서인 경우는 회람이 끝난 후 filing)

02 다음과 같이 아시아지역 영상회의 개최 건에 대한 팩스가 왔을 때, 팩스 처리요령에 의해서 팩스에 줄치거나 주석을 달아보자.(annotation)

Welcome Restaurant Pacific

To : S.J. Jang, VP, Seoul
      H.J. Kim, CFO, Seoul
      K.D. Han, CIO, Seoul

From : David Johnson, Asia Representative, New York
Date : March 4, ○○○○
Subject : Teleconference Meeting/ New Food Festival

We would like to have teleconference meeting about ○○○○ Asia Food Festival on May 13, ○○○○ at 10 a.m. (New York Time).
Please inform us to confirm that time and prepare the specific program of festival.

Sincerely,

1) --

2) --

3) --

4) --

5) --

6) --

7) --

8) --

9) --

04

/////////////////////

영수증

영수증의 작성요령을 알아보자

영수증을 작성할 시에는 숫자를 바르게 썼는지 반드시 재차 확인해야 한다. 특별히 숫자를 한자로 기재할 때에는 우리가 일반적으로 알고 있는 一, 二, 三, 十의 경우 壹, 貳, 參, 拾 으로 표기하니 바르게 알아두도록 한다. 일반적으로 금액을 기입할 때는 <u>숫자(한글)로 표기한다.</u>

 영수증 양식

No.____	영 수 증	
	_____ 귀 하	
■ 금 원 (금 원)		
내 용	금 액	비 고
합 계		
※ 위 금액을 정히 영수함.		
년 월 일		
(인)		

No.21-11-01 　　　　영 수 증

김철수 과장님 귀하

■ 금壹百貳拾參萬 원정 （₩1,230,000）

내 용	금 액	비 고
비서실습기자재 구입	₩ 1,230,000	
	이하여백	
합 계	₩ 1,230,000	

※ 위 금액을 정히 영수함.

○○○○년 11 월 11 일
가나실업 영업부 김철수 (인)

영 수 증

NO. 　　　　　　　김철수 사장님 귀하

총 금 액	금1,230,000원
	금일백이십삼만원

내 용	품 목	수 량	가 격
사무기자재	1	1	1,230,000원
			이하여백
합 계			1,230,000원

※ 위 금액을 정히 영수 함.

년 11월 11일

가나실업 영업부 김철수 ㉑

03 나는 사단법인 한국사무협회 총무팀 소속 팀원이다. 올해 비서의 날 행사를 앞두고 참가비를 입금 받던 중 주식회사 경희산업의 비서실에서 연락을 받았다. 내용은 금번 비서의날 행사에 비서실 직원 4명이 함께 참석 할 예정인데 지금 참가비 20만원 (일인당 5만원 * 4명)을 한국사무협회로 입금하였으니 바로 확인한 후 영수증을 팩스로 보내 달라는 것이었다. 영수증은 주식회사 경희산업 앞으로 발행해 달라고 하였다. 이를 확인하는 영수증을 직접 만들어보자.(이때 누구의 이름으로 발행해야 하는 지 알아보자)

영 수 증

NO. 77008 　　　　 귀하

총 금 액	금　　　　　원
	금　　　　　원

내　용	품　목	수량	가　격
합　계			

※ 위 금액을 정히 영수(청구) 함.

년　　월　　일

㊞

05
초대장

초대장의 작성요령을 알아보자

　초대장은 평소에 신세를 지고 있는 거래처 및 일반 소비자 등을 대상으로 어떤 모임이나 행사에 초대하려고 보내는 서신이다. 특정 행사에 사람을 초대하기 위한 문서라는 점에서 안내장과 비슷하지만 안내장보다 더 예의를 갖출 필요가 있다.

　최근에는 이메일로 초청장을 동봉하는 경우가 많다.

초대장 작성시 유의사항

- 행사 제목과 목적을 기재한다.
- 일시(시작 종료 시간, 오전/오후)를 명시하고 장소를 정확하게 기입한다.
- 장소를 안내할 때에는 안내도, 교통편, 전화번호 등도 반드시 기재한다.
- 외부 행사일 경우 우천 시 행사 개최에 대한 여부를 기재 한다.
- 복장, 주차장의 유무 등에 대해 상세하게 언급 한다.
- 원칙적으로 초청장을 최소 2주 전에 수신자가 받을 수 있도록 발송 한다.
- 참석을 유도하기 위해 어떤 부류의 사람들이 참가하는지, 권위 있는 인사로 누가 참석하는 지를 미리 알리는 경우도 있다.
- 특정인을 초대할 경우 반드시 출석 여부에 대한 반송용 엽서를 동봉한다.

✎ 초대장의 예 1 (초대장 속지)

한석구 이사님

경제 환경이 침체에도 불구하고 날로 발전을 거듭하고 계심을 매우 기쁘게 생각합니다. 아울러 변함없이 보여주시는 성원에 깊은 감사를 표합니다.

오는 9월 29일, 저희 대한대학교 비서과에서 [졸업작품전 및 연구발표회]를 개최하게 되었습니다. 본과는 이번 작품전 및 발표회를 위해 비서 실습 최신 기자재를 도입하고, 발로 뛰는 정보조사 등 많은 노력을 기울이고 있습니다.

이번 작품전 및 발표회에 꼭 참석하셔서 자리를 빛내 주시길 바라고, 변함없는 후원 부탁 드립니다.

-- 다   음 --

▶ 졸업작품전
• 일 시 : ○○○○년 9월 29일(수) ~ 10월 1일(금)
• 시 간 : 10:00 ~ 19:00
• 장 소 : 대한대학교 1호관 203호

▶ 연구발표회
• 일 자 : ○○○○년 9월 29일(수)
• 시 간 : 15:00 ~ 17:00
• 장 소 : 대한대학교 2호관 5층 시청각실

도서관	
5호관	3호관 2호관(5층)
본관	1호관(203호)
1운동장	2운동장
	정문

○○○○년 9월 5일

대한대학교

비서과 학과장 윤 미 라 올림

RSVP : 담당자 허윤정(032)870-1234

06
감사장

MISSION **감사장의 작성요령을 알아보자**

감사장은 거래처/상대방의 축하에 대해서 감사의 마음을 담아 전할 경우에 작성!

일반적으로 축하나 문안 등의 편지를 받았을 때, 신년이나 연말 등에 선물을 받았을 때, 출장에서 돌아왔을 때, 기념회, 축하회나 장례식 등에 참석해 주었을 때 상대방의 호의에 대해 감사하는 마음을 전하기 위해 사용된다. 감사장 역시 이메일로 첨부하는 경우가 일반적이다.

✎ 감사장의 (예 1)

서울시 강남구 삼성동 345-895
　주식회사 삼영
　　대표이사 장기훈 귀하

감 사 장

　가정의 달 5월을 맞이하여 댁내의 평안과 하시는 일의 발전을 기원합니다.

　이번에 본인이 당사의 대표이사 회장에 취임한 것에 대해서 축하인사와 따뜻한 격려의 말씀 주신 것에 대하여 진심으로 감사의 말씀을 드립니다. 책임감을 가지고 여러분의 성원과 관심을 바탕으로 더욱 더 사업에 매진하여 회사의 발전을 위해 노력하겠습니다.

　아무쪼록 앞으로도 아낌없는 충고와 관심을 주실 것을 부탁드립니다. 일일이 만나 뵙고 인사를 드림이 마땅하오나 우선 서면으로 인사드리고, 후일 직접 찾아 뵙고 좋은 말씀 전해 듣도록 하겠습니다.

○○○○년 5월 25일

내일산업(주)
代 表 金 鉉 鐵 拜上

✍ 감사장의 예 (감사장 속지)

김영수 교수님의 건강을 기원합니다.

바쁘신 가운데 본교 비서과 졸업작품전 및 연구발표회에 참석해 주신 것 진심으로 감사
드립니다. 여러모로 미흡했던 그 날 졸업작품전에서 결례를 범하지는 않았는지 모르겠
습니다. 부디 넓으신 아량으로 이해해 주십시오.
본교는 이번 졸업작품전 및 발표회를 계기로 이 분야의 도전적인 주자로서 그 이미지를
넓힘은 물론 우수 인재를 육성하고자하는 교육이념을 구현하는데 최선을 다할 것입니다.
앞으로도 변함없는 관심과 조언을 부탁드립니다.

○○○○년 11월 4일
대한대학교
비서과 학과장 윤 미 라 올림

04 사단법인 국제사무협회에서는 4월 25일(수) 비서의 날을 맞이하여 (4월 넷째주 수요일) 비서의 날 행사를 다음과 같이 개최할 예정이다.

아래 사항들을 참고하여 초청장을 만들어 보자. 또한 아래에 초청장 문귀를 작성해 보자.

"비서의 날 축하 행사"

• 일시 : 4월 25일(수), 오후 7시

• 장소 : 리버사이드 호텔 6층, 토파즈홀 (3호선 신사역 5번출구에서 도보로 3분)

• 프로그램 : 비서의 날 축하공연, Best Boss Award, 게임, 행운권 추첨 등 …

• 참가비 : 회원-50,000원   비회원-55,000원

* 참가비 입금 구좌 : 한신은행 011-400-556548 (사)국제사무협회

---

05 나는 올해 비서의 날 행사에서 Best BOSS상을 수상하신 주식회사 중앙물산의 김민갑 대표의 비서이다. 상사께서는 행사에 다녀오셔서 국제비서협회에 발송하는 감사장을 만들어 보라고 지시하셨다. Best BOSS상 수상의 감사의 의미를 잘 전달할 수 있는 감사장을 만들어보자. 또한 아래의 칸에 감사장 문귀를 만들어 보자.

07

**축의/부의
봉투와 속지**

MISSION **경조사 관련 업무의 중요성을 알아보자**

경조사란 경사스러운 일과 불행한 일을 뜻하며 경사의 종류로는 결혼, 생일, 승진에 관련한 소식들이 있고 조사의 종류로는 상이나 입원(건강관련)에 관한 소식들이 있다. 경조사는 주로 사내 온라인을 통해 인지하게 되며 매스컴을 통해서도 알게된다. 비서가 처리해야 할 경조사는 타인의 경조사와 상사(가족의) 경조사로 나누어진다. 경조의 방법으로는 경조금 전달, 화환, 그리고 직접 방문이 있다. 조사의 경우에는 특히 상대방이 당한 재난이나 불행을 위문하고 격려하기 위한 것임을 목적으로하고 세심한 주의를 기울여 업무처리를 해야 한다.

MISSION **장례 용어 및 예절에 대해 알아보자**

⚙ **조문(弔問)** : 죽음에 대하여 슬퍼하는 뜻을 드러내어 상주를 위문함. 또는 그 위문

⚙ **장례절차**

- 임종 – 수시　발상　부고 – 염습 – 입관 – 성복 – 발인 – 운구 – 하관 – 성분 – 위령제 – 삼우 – 탈상
- 임종 : 죽음을 맞이함 / 부모가 돌아가실 때 그 곁에 지키고 있음
- 부고(訃告) : 사람의 죽음을 알림. 또는 그런 글
- 발인 : 시신이 장지(장사하여 시체를 묻는 땅)를 향해 출발 하는 것
- 상제(喪制) : 고인(故人)의 배우자와 직계자손, 상복입은 사람은 고인의 8촌 이내 친족
- 주상(主喪) : 죽은 사람의 제전(祭典)을 대표로 맡아 보는 사람, 장자 및 장손

- 故人호칭

  조부/왕대인, 조모/왕대부인, 부/대인, 모/대부인, 처/망실, 형/망형, 동생/망제

- 고인이 상제의 부모/조부모인 경우

  부친상(父親喪)(아버지) / 모친상(母親喪)(어머니) / 조부상(祖父喪)(할아버지) / 조모상(祖母喪)(할머니)

- 고인이 상제의 장인장모 / 시부모인 경우

  빙부상(=장인상) / 빙모상(= 장모상) / 시부상 / 시모상

- 조문절차 : 신분전달 – 조문 – 부의금전달

  부의(賻儀) : 상을 당한 유가족에게 애도의 뜻을 표하고 조금이나마 위로하기 위해 돈이나 물건을 보내는 것을 말한다. 부의를 할 경우에는 단자를 써서 조의금을 싸고 봉투 안에 넣는 것이 예의이다.

- 조문순서

  1) 서서 향을 피움
  2) 잠시 명복을 빌고
  3) 절 두 번 후 반절
  4) 또는 기도 및 묵념
  5) 상주에게 맞절
  6) 어려움을 함께 나눔

- 조문시의 복장

- 옷차림은 검은색으로 통일하고 검은색 옷이 없을 경우에는 어두운색 계열을 옷을 입고 가도록 한다. 기본적으로 밝고 화려한 의상은 피하는 것이 예의이다.

- 부의금 서식

- 부의금은 흰 봉투에 넣는 것이 원칙이며 그 부의금 겉봉에는 초상의 경우 부의(賻儀)가 가장 일반적이며 근조(謹弔)라고 쓰기도 한다. 헌화의 경우에는 생화나 조화 모두 사용되며 흰색과 노란색의 화환이나 꽃바구니로 주로 국화가 많이 사용된다. 단자는 부조하는 품목을 적은 것을 가리키는데 부조하는 품목이 돈일 경우에는 단자에 '金〇〇원'이라고 쓴다. 부조하는 사람의 이름 뒤에는 아무 것도 쓰지 않아도 되지만 '근정(謹呈)'이라고 쓰기도 한다.

- 근정(謹呈) : 삼가 물품 따위를 드림이라는 뜻

MISSION

경사 관련 업무에 대해 알아보자

- 축의금 서식 : 용지는 흰색이 좋고 색지 사용 시 고상하고 밝은 색이 좋다. 종이를 접을 때는 축하 문구와 상대편 성명이 쓰여진 곳에 줄이 생기지 않도록 접어야 한다. 또한 깨끗한 지폐를 준비하도록 하는 것이 예의이다.
- 축 화혼(祝 華婚), 축 화촉(祝 華燭), 축 성혼(祝 成婚), 축 결혼(祝 結婚)
- 회갑연 : 만 60년이 되는 해, 수연(壽宴)(오래 산 것을 축하하는 잔치로 보통 회갑연을 의미한다.
- 회갑연의 축의 문구 : 축 수연(祝 壽宴), 축 회갑(祝 回甲), 축 환갑(祝 還甲)
- 선물을 준비하는 경우에는 가격대에 따른 선물조사 후 상사에게 보고서로 올린다.

축하연의 종류

연 세	축하연의 종류
60	축 육순연(祝 六旬宴)
61	축 환갑(祝 還甲), 축 회갑축 회갑(祝 回甲), 축 수연(祝 壽宴)
62	축 진갑(祝 進甲)
70	축 고희(祝 古稀), 축 칠순(祝 七旬)
77	축 희수연(祝 喜壽旬)
80	축 팔순(祝 八旬)
88	축 미수(祝 米壽)
90	축 구순(祝 九旬)
99	축 백수(祝 白壽)

06 다음의 조의금과 축의금 봉투와 단자 샘플을 참고해 직접 작성해 보자.

✎ 화혼 단자의 (예)

컴퓨터로 작성하기도 하며, 직접 손으로 쓰기도 한다. 따라서 붓 펜을 이용하여 한자를 잘 쓰도록 연습을 하여야 한다. 한글 프로그램에 단자 및 봉투를 사용하기도 한다. 축의금을 감쌀수 있는 크기로 만든다.

鄭星輝　貴下　　鄭允姬　謹呈　　○○○○年 6月 18日　　一金　參萬　원　　祝　華婚

✎ 화혼 봉투의 (예)

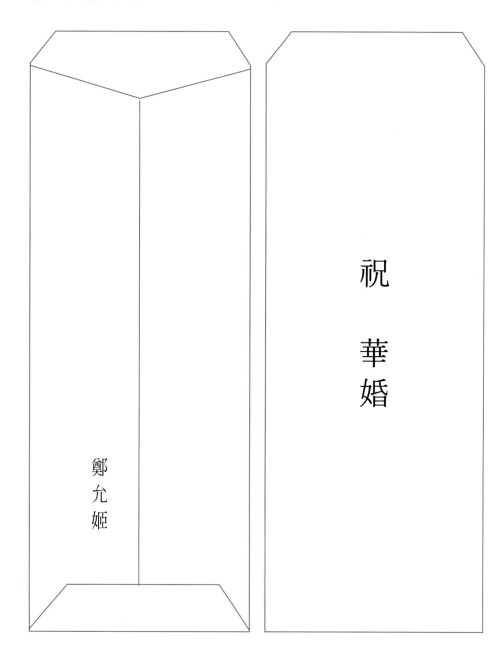

祝

華
婚

鄭
允
姬

TIP!

(상사가)급하게 결혼식장이나 장례식장에 가시는 경우 인쇄된 봉투가 없는 경우를 대비
하여 한자로 축 결혼(結婚), 부의(賻儀), 상사의 이름 등을 한자로 쓸 수 있어야 한다.

✍ 부의 단자의 (예)

賻　儀

一金　參萬　원

○○○○年 6月 18日

鄭允姬　謹呈

護裳所　入納

✍ 부의 봉투의 (예)

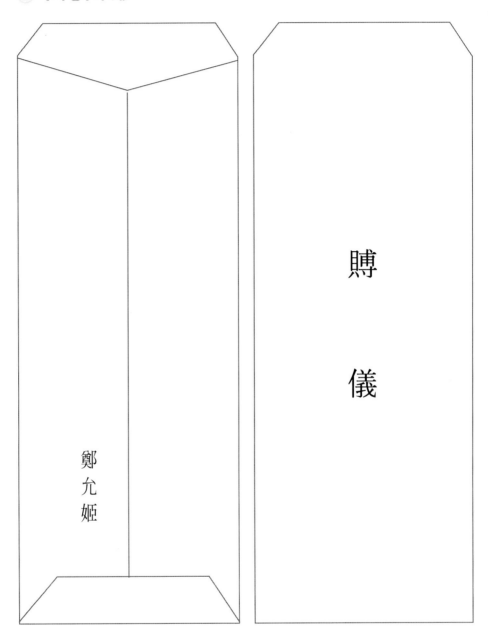

08

///////////////////////////////

이메일

이메일의 사용은 우리 생활의 일부!

    이메일은 빠르고 비용이 들지 않아, 현대 사회에서는 거의 모든 업무 연락이 이메일을 통해 이루어진다. 이메일의 또 다른 장점은 문서를 파일로 첨부하여 팩스가 없어도 바로 보낼 수 있고 상대방이 어디에 있든 인터넷만 가능하다면 시간과 공간에 제약 없이 어디에서든 받아 볼 수 있다는 것이다. 기업에서의 업무 연락은 거의 이메일로 이루어지고 있다.

이메일의 주요 구성요소

① 보내는 사람   ② 날짜와 시간   ③ 제목

④ 메시지(본문 내용)   ⑤ 첨부파일(있을 경우에만)

+ ①번과 ②번의 경우 이메일을 보낼 때 자동으로 표기가 된다.

이메일 주의사항

• 이메일이 오면 즉시 답변할 것 : 최소한 잘 받았다는 사실과, 자세히 답변할 시간이 없다면 언제쯤 답변이 가능할지 알려 주도록 할 것

• 이메일을 발송하기 전 반드시 한번 읽고 발송할 것 : 발송취소 기능이 있는 계정도 있지만, 그렇지 않은 경우도 있기에 신중히 발송해야 할 것

• 오타에 주의할 것 : 오타가 있는지 확인할 것

• 제목을 짧고 구체적으로 작성할 것 : 제목을 한줄내로 작성

• 내용에 주의할 것 : 발신된 이메일은 작성자의 의도와 상관없이 다른 사람들에게 전달되어 읽혀 질 수 있음을 명심할 것

• 보안에 주의할 것 : 비밀 번호를 자주 바꿔 정보가 새어 나가지 않도록 유의할 것

• 이메일 계정을 수시로 체크할 것

• 본문 내용 작성 시 공손하게 내용을 전달하고 지나치게 길어지지 않도록 할 것

• 영문 이메일 작성 시에는 내용을 전부 대문자로 작성하지 말아야 한다. 모든 글자를 대문자로 쓸 경우에는 알아보기도 힘들거니와 작성자가 화가 나 있다는 표현이 되므로 이에 주의할 것

09

///////////////////////

정보자료 정리

상사가 필요로 하는 자료를 정리할 때는 주로 표를 이용해서 작성하는 것이 효과적이다. 다음은 1주간의 (3개) 금융회사의 주가동향을 분석하라는 지시에 따라 개별자료 및 통합자료를 정리한 예이다.(보고서를 작성할때는 항상 **커버**를 작성한다)

✎ 주가자료의 정리 (예)

일시 : ○○○○년 12월 2일

🖥 **우리금융**

현재가	10,500	거래량	2,047,340	자본금(백만)	4,030,076
	▲	거래대금(백만)	21,251	상장주식수	806,015,340
전일대비	200				
시가	10,250			EPS	1,480
고가	10,800	등락률(%)	+1.94%	외국인보유지수	
저가	10,250				168,195천주
매도가	10,500	52주 최고	16,050		
매수가	10,450	52주 최저	8,470		

🖥 **KB금융**

현재가	39,700	거래량	1,419,233	자본금(백만)	1,931,785
	▼	거래대금(백만)	56,075	상장주식수	386,351,693
전일대비	200				
시가	39,700			EPS	229
고가	39,400	등락률(%)	-0.5%	외국인보유지수	
저가	39,200				243,941천주
매도가	39,700	52주 최고	62,100		
매수가	39,650	52주 최저	34,100		

🖥 **신한지주**

현재가	43,200	거래량	1,220,292	자본금(백만)	2,370,997
	▼	거래대금(백만)	52,267	상장주식수	474,199,587
전일대비	300				
시가	41,750			EPS	4,516
고가	43,200	등락률(%)	+0.7%	외국인보유지수	
저가	41,750				290,711천주
매도가	43,200	52주 최고	54,200		
매수가	43,100	52주 최저	35,800		

✎ 주가 자료의 정리 (예)

우리금융 / KB금융 / 신한지주 주식시세 비교

◉ 일시 : ○○○○년 12월 2일

	우리금융	KB금융	신한지주
현재가	현재가 10,500	현재가 39,700	현재가 43,200
전일대비	▲ 전일대비 200	▼ 전일대비 200	▲ 전일대비 300
시가 고가 저가	39,700 39,400 39,200	39,700 39,400 39,200	41,750 43,200 41,750
매도호가 매수호가	39,700 39,650	39,700 39,650	43,200 43,100
거래량 거래대금 (백만)	2,047,340 21,251	1,419,233 56,075	1,220,292 52,267
52주 최고 52주 최저	16,050 8,470	62,100 34,100	54,200 35,800
자본금(백만) 상장지수	4,030,076 806,015,340	1,931,785 386,351,693	2,370,997 474,199,587
EPS 외국인 보유지수	1,480 168,195천주	229 243,941천주	4,516 290,711천주

작성자 : ○○○

개별자료 제시의 (예)

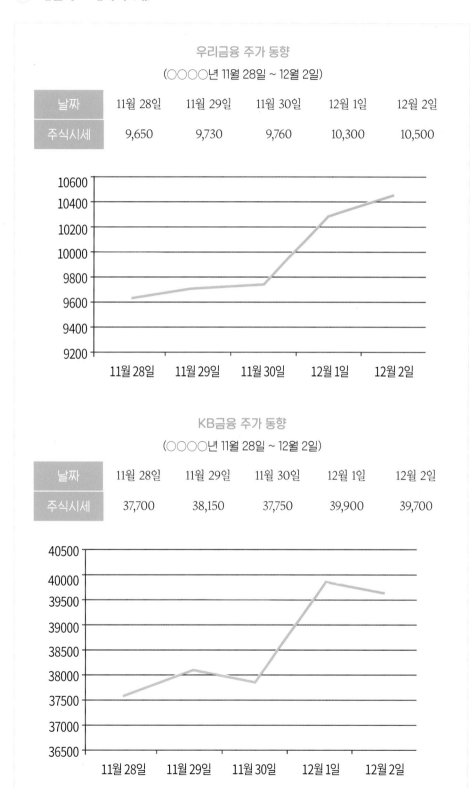

우리금융 주가 동향
(○○○○년 11월 28일 ~ 12월 2일)

날짜	11월 28일	11월 29일	11월 30일	12월 1일	12월 2일
주식시세	9,650	9,730	9,760	10,300	10,500

KB금융 주가 동향
(○○○○년 11월 28일 ~ 12월 2일)

날짜	11월 28일	11월 29일	11월 30일	12월 1일	12월 2일
주식시세	37,700	38,150	37,750	39,900	39,700

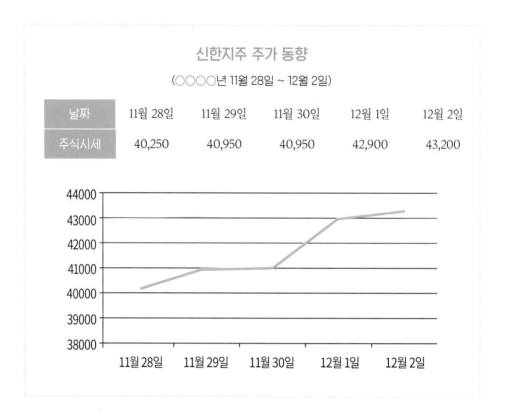

✍ 통합자료의 (예)

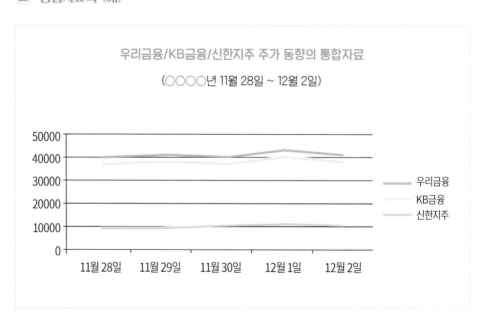

10

비서의 업무
매뉴얼 만들기

입사 후 전임비서로 부터 인수인계받아 정리(업무 매뉴얼 하기)해야 할 업무 매뉴얼의 종류는 아래와 같다. 각각의 주제에 대한 업무 절차와 순서를 순차적으로 적어 놓는다.

1. 전화번호부 정리(국내 / 외거래처, 기업체별, 호텔 / 음식점 등) DB화

2. 명함 및 주소록 정리(카드 / 우편물 / 선물 리스트) 수시로 갱신! DB화

3. 출장 관련 파일(출장 전 / 중 / 후의 업무 리스트)

4. 회의 관련 파일(회의 전 / 중 / 후의 업무 리스트)

5. 상사 신상카드 및 정보파일(상사 주변 및 각계인사와의 관계 등)

 TIP!

- 내 스타일대로 편하고 보기 쉽게 만들며, 자료는 엑셀이나 엑세스를 이용한다.
- 업무 매뉴얼을 체크리스트 형태로 만들 수 있다.

잠깐, 이런 경우도 있어요!

비서 이야기 ⑪

사례 1 조직 관리와 부서원 격려에 도움이 될 수 있도록 부서원들의 경조사 혹은 기념일, 최근 축하해 줄만한 일 등이 있을 경우 상사에게 귀띔해 드리는 편입니다. 보스께서도 조직원에게 한마디 건넬 수 있어서 좋아하시고, 듣는 사람들도 예상치 못한 상사의 관심에 동기부여가 되며, 대화를 부드럽게 이어 나갈 수 있는 고리가 되는 것 같습니다.

사례 2 부사장 비서인 나는 학교 때 배운 부의봉투 및 부의단자, 화혼 단자 및 봉투 등을 USB에 넣어두고 있었는데, 어느 날 같은 비서실에 있는 사장님 비서께서 전화를 하시더니 "조비서, 혹시 부의 봉투 있어? 사장님이 바로 장례식장에 가셔야 하는데, 봉투가 딱 떨어졌어. 어떡하지?' 그래서 나는 '선배님, 제가 바로 만들어 드릴께요'하고 USB의 형식에다가 사장님의 성함을 바꿔서 입력해서 프린트하여 만들어 드렸다. 사장님비서께서는 너무 고맙다고 하시면서, 자기도 그 양식을 하나 파일로 달라고 하셨다. 입사 10년차인 선배비서에게 초보비서인 내가 도움이 되었다니 참 기뻤다.

저자 소개 | 정 성 휘

• 현) 인하공업전문대학 비서과 교수

비서 커뮤니케이션 실습

초판 1쇄 발행　2012년 8월 25일
개정 2판 발행　2021년 7월 10일

저　자　정 성 휘
펴낸이　임 순 재
펴낸곳　(주)한올출판사
등　록　제11-403호
주　소　서울시 마포구 모래내로 83(성산동 한올빌딩 3층)
전　화　(02) 376-4298(대표)
팩　스　(02) 302-8073
홈페이지　www.hanol.co.kr
e-메일　hanol@hanol.co.kr
ISBN　979-11-6647-094-3

비서 커뮤니케이션 실습